Confissões de um *suicida*

Confissões de um *suicida*

psicografia de
Maria Nazareth Dória

pelo espírito
Helena

LÚMEN
EDITORIAL

Confissões de um suicida
pelo espírito Helena
psicografia de Maria Nazareth Dória

Copyright © 2015-2023 by Lúmen Editorial Ltda.

7ª edição – Fevereiro de 2023

Coordenação editorial: *Ronaldo A. Sperdutti*
Projeto gráfico e arte da capa: *Casa de Ideias*
Impressão: *Gráfica Bartira*

07-02-23-3.000-14.520

Dados Internacionais de Catalogação na Publicação (CIP)

(Câmara Brasileira do Livro, SP, Brasil)

Helena (Espírito).
Confissões de um suicida / pelo espírito Helena; psicografia de Maria Nazareth Dória. – São Paulo: Lúmen Editorial, 2015.

ISBN 978-85-7813-160-9

1. Espiritismo 2. Psicografia 3. Romance espírita I. Dória, Maria Nazareth. II. Título.

15-00997   CDD-133.9

Índices para catálogo sistemático:
1. Romance espírita: Espiritismo 133.9

Av. Porto Ferreira, 1031 - Parque Iracema
CEP 15809-020 - Catanduva-SP
17 3531.4444 - 17 99777.7413

www.lumeneditorial.com.br
atendimento@lumeneditorial.com.br
www.boanova.net
boanova@boanova.net

2016-2023

Proibida a reprodução total ou parcial desta obra
sem prévia autorização da editora
Impresso no Brasil – *Printed in Brazil*

Com gratidão dedico esta obra aos mentores espirituais que têm ajudado na evolução do planeta e a todos os colaboradores do Mestre Jesus.

E também às minhas filhas, Eliane Dória Maeda, Carla Cristina Dória e Lya Dória Maeda, e a Boanéris Silva, companheiro de jornadas.

Sumário

Palavras da médium 9
Capítulo 1 — A desilusão 15
Capítulo 2 — Viagem sem retorno 25
Capítulo 3 — Nova morada 39
Capítulo 4 — Um castigo chamado Tiago 53
Capítulo 5 — A grande revelação 69
Capítulo 6 — A descoberta 81
Capítulo 7 — A grande missão 93
Capítulo 8 — Boas notícias 103
Capítulo 9 — A família 111
Capítulo 10 — O sorriso de um anjo 117
Capítulo 11 — O prêmio 135
Capítulo 12 — A batalha 149
Capítulo 13 — A espera 157
Capítulo 14 — O grande aprendizado 169
Capítulo 15 — As grandes revelações 181

Palavras da médium

O sofrimento e as provações vividas na Terra levam milhares de pessoas a cometer danos irreparáveis em sua vida. O que falta para essas pessoas não se vende nem se compra em shoppings. Encontramos essas riquezas em casas simples e as recebemos de graça das mãos de seres humildes que com muita alegria nos doam as forças chamadas de amor, fé e esperança.

Somos responsáveis pela educação religiosa de nossos filhos se recebemos na Terra os filhos de Deus em nossos braços, nosso dever é mostrar desde cedo a esses pequenos seres encarnados quem de fato é o verdadeiro Pai de todos nós!

Não temos o direito de exigir que nossos filhos, quando se tornarem adultos, sigam a nossa religião. Devemos, porém, prepará-los e conscientizá-los da existência da vida espiritual e da Lei da Ação e Reação.

Neste livro descobriremos o que aconteceu com um irmão que veio com uma grande missão, mas que acabou infringindo as Leis do Pai Maior, contraindo uma dívida muito grande.

Analisando a sua história nos perguntamos: O que faltou para ele? Instrução espiritual? Incentivo familiar? Boa vontade? Por que ele se afastou de seus propósitos?

Esse irmão aponta para nós uma das portas de saída mais comuns entre os insensatos: o suicídio!

Quando nos afastamos dos caminhos da fé, tentamos resolver nossos problemas pessoais usando a Lei do Livre-Arbítrio de forma bruta e cruel, mas é nos momentos difíceis de nossa vida que a religião é a luz que nos sustenta.

Nossa vida em um corpo carnal é uma dádiva de Deus, por isso não temos o direito de acabar com ela, embora por ignorância e irresponsabilidade muitas pessoas ainda acreditem que acabando com suas vidas alcançarão a tão almejada paz... Que engano! Continuaremos tendo e sentindo as mesmas emoções; a morte do corpo físico não nos libertará das responsabilidades assumidas com Deus. A morte não existe! Simplesmente passamos de um lado para o outro, deixamos para trás um corpo físico, um fruto que envolve a semente que está dentro de nós: o espírito.

Conforme nos instruíram os mentores espirituais, o homem pratica o suicídio de várias maneiras: bebendo, usando drogas, arriscando a vida em esportes brutos, inclusive ingerindo alimentos inadequados para o organismo – pois não podemos nos servir de tudo aquilo que hoje é ofertado no comércio como alimento saudável, precisamos consumir mais alimentos naturais, diminuindo a quantidade de substâncias químicas em nosso organismo, o que nos livra de muitas doenças.

A vida moderna é outro fator perigoso para aqueles que desfrutam da liberdade sem responsabilidade – podem contrair doenças sexuais, por exemplo.

Enfim, há centenas de caminhos que levam o homem a cometer esses desatinos. Sem pensar nas consequências futuras, levados pela ignorância e pela falta de uma religião em sua vida, muitos irmãos vão se matando aos poucos, comprometendo a saúde do corpo e da alma.

Precisamos ter consciência e responsabilidade em todas as nossas ações. Muitos desencarnam acreditando que deixaram grandes legados, mas, de repente, deparam com um pesadelo espiritual, e são transportados para colônias onde ficam hospedados os "suicidas".

Sabemos por nossos mentores espirituais da revolta de muitos irmãos ao serem informados de que são considerados suicidas. Gritam se defendendo: "Não cometi suicídio! Há um engano! Desencarnei por causas naturais!".

Então, em uma grande tela são exibidas cenas da vida desses irmãos, mostrando aos devedores como eles cometeram o suicídio. Cada caso é analisado pelos representantes da Lei de Deus. A cada um cabe a sua sentença. **Por mais que esses irmãos se sintam injustiçados, a pena recebida é justa. Não existe injustiça nos desígnios de Deus. O Pai não pune, Ele é soberanamente justo e bom.**

Nosso corpo é uma grande ferramenta de trabalho que recebemos do Pai para a lapidação do nosso espírito. Não importa como esse corpo seja, em cor ou formato, a nossa obrigação é amá-lo, zelá-lo, protegê-lo e respeitá-lo.

Nosso corpo é o templo onde devemos abrigar Deus e todos os mensageiros que vieram nos instruir, mostrando para nós o caminho correto para a Luz e a grande oportunidade que temos para quitar nossos débitos anteriores.

Nosso coração é uma casa imensa onde podemos receber, amar, educar, proteger e encaminhar para a vida muitos filhos de Deus.

Cabe a cada um, então, refletir sobre os cuidados que vem tendo com seu corpo e vigiar constantemente seu comportamento, pois muitas vezes prestamos atenção em outras pessoas e nos esquecemos de olhar para o que se passa dentro de nós.

Faça uma análise de sua vida: O que deixou para trás foi correto? O que praticou de bom por esses caminhos? Ainda se ressente com as pessoas que lhe ofenderam ontem? Da estrada deixada para trás, qual é a experiência boa que se pode aplicar no presente?

Reflita, analise, lembre-se de rostos, de lugares e de palavras – tudo isso é muito importante. Coloque a imagem viva de Jesus dentro de você e vá mitigando cada mágoa que ainda dói dentro do seu coração – perdoe-se para compreender o que é o perdão de Deus.

Respire com alegria, apague toda a tristeza que sufocar seu coração, não crie imagens negativas em sua mente.

Coloque uma Luz em todas as lembranças tristes que surgirem em sua mente e você verá como a paz que encontramos nessa Luz – que se chama Jesus – nos cura de todas as doenças espirituais.

Enfrente todos os problemas de cabeça erguida e não tema, pois Deus nunca abandona seus filhos. Quando verdadeiramente nos conscientizamos dos nossos erros e desejamos de fato mudar de vida, Deus está sempre de braços abertos a nos receber amorosamente; tudo depende de nós...

É imperdoável que o homem passe por este planeta e não faça nada por ele! Uma das maneiras de descobrir seu papel no mundo é conversando com Deus e prestando atenção no caminho que Ele lhe mostrar.

Não procure por Deus nas alturas ou no meio de outras pessoas que você julga influentes. Procure por Deus dentro do seu coração – Ele está aí! Una-se a outras pessoas que também falam com Deus, instrua e motive outros irmãos a fazerem o mesmo, pois só assim será possível deixar um mundo melhor para nossos filhos.

Capítulo 1

A desilusão

Tantos anos já se passaram...
Estou de volta à Terra, momento com o qual todos os espíritos sonham: voltar, rever lugares e pessoas. O cheiro de terra é inesquecível...

Por melhor que sejam as colônias espirituais onde se hospedam os espíritos, as lembranças e a saudade que levamos deste maravilhoso planeta não se apagam jamais.

Andando para lá e para cá, descubro que todos que deixei já se foram sem deixar pistas. Hoje só me restam as lembranças daqueles tempos e nada mais. Após analisar tudo, pude me certificar de que já havia passado muito tempo desde a minha partida para o plano espiritual.

Foram anos dolorosos aqueles que passei no presídio espiritual, mas tudo aquilo não doeu mais do que voltar como um espírito livre e perceber quanto perdi, quanto me afastei de meus entes queridos.

Na minha solidão espiritual, andava pelas ruas e não era visto por ninguém de carne e osso, e nem irmãos na minha condição apareciam por ali. Era um mundo deserto para mim.

Passava dias andando no meio da multidão, tentando me comunicar com alguém. Era um absurdo não ser visto nem ouvido por ninguém! Será que não havia outro espírito por ali além de mim? Ou seria um castigo não poder vê-los e compartilhar minha vida?

Fui até a beira-mar, sentei-me em uma pedra, observando um barco que chegava trazendo pescadores alegres e animados, retirando muitos peixes de suas redes. Vendo a felicidade deles comecei a pensar: "Onde estão os meus pais, minha esposa e meus filhos? Onde estão todos?".

Nenhuma voz para responder às minhas perguntas... Nenhuma pista que pudesse me levar até a eles. Ali parecia outro mundo, eu não tinha com quem falar, ninguém me ouvia. Perdi a noção do tempo e comecei a sentir cansaço e tristeza.

Sabia que ali foi o local onde vivi – o espírito é atraído sempre para o local que guarda suas últimas lembranças. Decepcionado, descobri que não existia mais o rio do qual eu guardava tantas lembranças dentro de mim! E as matas onde eu fazia minhas caçadas? O que fizeram com elas? O lugar antes era tão verde e arborizado... nada mais lembrava que o fora. Transformou-se em ruas, prédios e praças, painéis coloridos, automóveis e pessoas disputando espaço nas calçadas.

A única coisa que encontrei por ali foi a velha montanha, mas até mesmo ela estava totalmente danificada. Ao seu redor agora só havia crateras enormes. Meu Deus, como os homens são cegos!

No lugar dos verdejantes vales de outrora, enfeitados pela mão Deus com a maior riqueza que é a natureza, agora havia edifícios, estradas asfaltadas e milhões de veículos circulando para lá e para cá.

Fiquei dias andando sem rumo, com o peito arfando pelo cansaço, e a depressão começava a tomar conta de mim. Nem os espíritos zombeteiros eu encontrava! Já me arrependia de ter saído correndo da colônia me sentindo livre. A minha tão sonhada liberdade me prendia em uma cadeia chamada solidão...

Sonhei tanto com essa vinda à minha amada Terra; sonhava encontrar minha família ou, pelo menos, uma pista que me levasse até ela.

Saí da colônia espiritual, onde aguardei por tantos anos, esperançoso para voltar e encontrar meus entes queridos, mas, de repente, encontrei uma nova realidade. Constatei isso quando cheguei à Terra e não consegui obter uma só pista deles.

O único lugar onde encontrava um pouco de paz era à beira-mar; ver as ondas batendo nas pedras me acalmava. Os pescadores já eram meus conhecidos, eu os via retornando de suas pescarias e até sentia inveja em não poder trabalhar com eles.

Uma tarde, como de costume, fui até a beira do mar e, ao chegar na pedra em que sempre me sentava, notei que havia alguém em silêncio olhando para as águas. Aproximei-me e fiquei olhando para ele, parecia estar no mesmo plano que eu, desencarnado! Reparei que as águas batiam em suas vestes e não as molhavam.

Com uma certa alegria pensei: "Encontrei alguém que parece estar vivendo um drama semelhante ao meu". Fiquei contente porque ele me olhou, nós nos cumprimentamos com um balançar de cabeça e, sem trocar uma palavra ou um aperto de mão, ficamos lado a lado em silêncio.

Só a presença de outro espírito já me dava ânimo. Já não me sentia tão solitário, pois ali havia alguém que me via, já não me sentia sozinho no meio da multidão.

Sentados lado a lado, observei que ele olhava para as ondas do mar sem piscar, e de vez em quando respirava profundamente. De maneira discreta fiquei prestando atenção em seu corpo. Ele tinha traços finos e elegantes, era bem barbeado, tinha cabelos alinhados e roupas finas.

Só então me dei conta da minha aparência, que estava péssima comparada à dele. Eu estava barbudo, com os cabelos compridos, usava a mesma roupa que recebi na saída da colônia: uma calça branca que já parecia bege, uma camisa azul e uma pasta que eu não largava por nada, pois nela estava a prova da minha liberdade condicional!

O sol estava se escondendo por trás da montanha. As ondas batiam com força nas pedras, jogando água sobre nós, mas espíritos não se molham, por isso continuávamos na mesma posição. A praia começava a ficar vazia, os banhistas e os surfistas estavam indo embora quando avistamos o barco dos pescadores chegando. Ele olhava para o barco sem desviar os olhos.

Prestando muita atenção, percebi que ele não era qualquer um: seria um guardião do mar? Fosse quem fosse, eu já não estava sozinho. Tomei uma decisão: "Vou puxar conversa com ele!". Logo saberei se ele é um espírito livre ou se está perdido no tempo como eu.

Virei-me e falei:

— Vejo que não estou só, isso me traz tranquilidade.

Sem se mexer, ele respondeu:

— Pensei que fosse mudo. Há horas que está aí parado consigo mesmo! Eu costumo cumprimentar as pessoas quando as encontro, falando com elas. Respondi ao seu cumprimento balançando apenas a cabeça, respeitando a sua forma de comunicação.

A partir daí começamos a conversar. Perguntei se era um guardião do mar, e ele me respondeu:

— O guardião do mar é Deus!

Ele me disse que adorava ficar ali. Estava buscando alguém de sua vida passada. Não encontrou quem procurava, mas, enfim, cumpria uma missão que considerava importante.

Já estava escuro e a praia estava vazia, apenas se ouvia o barulho das águas indo e vindo até a beira do mar.

Pedro (foi com esse nome que ele se apresentou), virando-se para mim perguntou:

— Você está vivendo onde?

— Eu? Em lugar nenhum – respondi. – Para falar a verdade, fico andando dia e noite, não parei em lugar algum.

Ele, então, disse:

— Bem, você sabe que precisa refazer-se ou acabará perdendo toda a carga de energia que ainda lhe resta. Eu me refugio ali! – disse apontando para o alto de uma montanha.

— Como o senhor faz para chegar até lá? – perguntei.

— Volitando.

Fiquei calado, pensativo.

— Você não volita? – perguntou-me.

— Eu? Claro que não, amigo! Sou um espírito atrasado. Volitar é o mesmo que voar, não é mesmo? – perguntei-lhe.

— É um meio de transporte para o espírito – respondeu-me. – Eu me transporto e você deve fazer o mesmo. Isso não é privilégio dos espíritos: é uma necessidade.

— Eu não aprendi a volitar, Pedro. Fui libertado há pouco tempo. Fui um suicida, passei pelo presídio espiritual e também por uma ótima colônia de recuperação, e agora até me pergunto se foi bom ter saído de lá.

— E por que saiu da colônia se não estava preparado para enfrentar a sua vida como um espírito livre? – perguntou-me Pedro.

— Pelo mesmo motivo que você! Vim com a esperança de reencontrar os meus familiares – respondi.

— Você me disse que foi um suicida, eu também fui um! – disse ele, com um olhar melancólico. – Fui uma navalha que cortou muitas vidas pelo meio.

— Então, você passou muito tempo afastado da Terra?

— Sim, passei. Mas ainda tenho esperança de reencontrar alguma pista daqueles que amo. Já procurei em muitos países, mas a última pista que me indicaram foi no Brasil.

Já estava totalmente escuro, Pedro, então, pediu:

— Coloque as mãos nos meus ombros, concentre-se na montanha, vou levar você até lá. Vou ajudá-lo a volitar, pois é preciso fazer isso na Terra se quiser sobreviver. – E, seguindo as instruções dele, logo me vi sobrevoando a cidade, toda iluminada por lâmpadas brilhantes, com filas de automóveis e pessoas andando apressadas de um lado para outro.

Chegamos ao alto da montanha, e ele parou suavemente. A sensação era maravilhosa, senti-me leve como um pássaro. No topo da montanha havia uma cabana; ele me convidou a entrar. Lá dentro o ambiente era morno, limpo e agradável, e logo comecei a bocejar de sono.

Pedro fechou os olhos e vi surgindo à sua frente duas xícaras de café e dois pães que fumegavam, com um aroma delicioso. Fiquei encantado!

— Meu Deus, como você fez isso? – perguntei.

— Isso não é um privilégio meu. Com o passar do tempo você vai descobrir que é preciso plasmar o que necessita na Terra para sobreviver como espírito.

Tomamos o café e ele me apontou uma cama no canto da cabana, dizendo:

— Pode se deitar ali e descansar à vontade. Aqui não somos incomodados, fique tranquilo. Eu vou sair, amanhã cedo estarei de volta.

Antes que eu pudesse lhe perguntar aonde ia e se não queria ajuda, ele se afastou trancando a porta da cabana.

Estiquei-me na cama macia e aconchegante; o ar morno da cabana me deu uma vontade imensa de dormir. Adormeci rapidamente e só acordei no dia seguinte, com o meu amigo sentado à minha frente segurando as duas xícaras de café e os pãezinhos cheirosos.

Após cumprimentá-lo, comentei:

— Dormi direto. Eu realmente não tinha noção do que me ocorria, não estava me preocupando com as consequências que poderiam vir sobre mim.

Ele me ouvia em silêncio, engolia o seu café, mordia o pão e olhava para fora como se buscasse algo no horizonte.

— Pedro, você acredita em Deus? – perguntei-lhe.

Ele me olhou, sério.

— Eu creio, e você, não?

— Desculpe-me, só perguntei porque você é um espírito tão evoluído que eu não entendo o que faz tão solitário aqui.

— Evoluído? – Falou com certa tristeza no olhar. – É você quem está falando que eu sou evoluído. Vejo que tem pouca experiência, não sabe ainda diferenciar o branco do preto... Sente-se aí, porque temos muitas coisas para conversar.

E assim começou uma longa conversa entre dois espíritos que buscavam um caminho que os levassem de volta para casa.

Naquele momento eu tive certeza de que poderia confiar em Pedro; ele me transmitia segurança, estava me ajudando sem pedir nada em troca.

Agradeci muito a Deus por ter colocado aquele irmão em meu caminho, e prometi a mim mesmo que faria de tudo para não aborrecê-lo. Uma coisa que eu sempre tive foi gratidão por todos que me estenderam a mão.

Capítulo 2

Viagem sem retorno

Era uma noite de lua cheia. O céu estava bonito, o topo da montanha iluminado, o vento fresco que vinha do mar batia em meu rosto de leve. Eu comecei abrir o meu coração com o amigo que, sentado na soleira da cabana, me ouvia em silêncio, sem me interromper. Conforme eu falava, sentia que um peso enorme era retirado de dentro de mim.

Eu revia a minha vida passada, parecia que o tempo era curto para tudo o que vivi. Fui um rapaz como qualquer outro dos dias de hoje. Sonhador, alegre e confiante. Nasci no campo. Eu era feliz com a minha família – não tínhamos luxo algum, éramos pobres e trabalhadores.

Fui um lavrador como meu pai e meus irmãos. Colhíamos no inverno e guardávamos o suficiente para suprir nossas necessidades nos tempos difíceis. Às vezes mais de dois anos se passavam sem chuva, mas sobrevivíamos a todas as secas sem que faltassem alimentos.

Aos dezenove anos, conheci Maria na festa de casamento do meu irmão mais velho. Foi amor à primeira vista, e logo estávamos namorando e fazendo planos para noivar e casar.

Com ajuda do meu pai e dos meus irmãos, construí uma pequena casa nas terras da família. O inverno estava ótimo, as plantações davam gosto de ver.

Eu fazia cálculos: tirando o suficiente para o sustento, ainda sobraria uma boa parte que eu poderia vender e com esse dinheiro comprar um cavalo para dar de presente à Maria.

Minha noiva plantou flores ao redor da nossa futura morada. Apesar de muito simples, parecia um palácio colorido e perfumado pelas flores que desabrochavam em abundância.

Nosso casamento foi na igrejinha do povoado onde morava a minha noiva, e havia muitos convidados por parte das duas famílias. Um leitão, um peru e algumas galinhas foram abatidos para servir aos convidados. Não faltou vinho ou cachaça. Um sanfoneiro foi contratado para alegrar a festa e os convidados dançaram e se divertiram à vontade.

Maria era uma companheira e tanto. Trabalhava comigo na roça, lidava com a casa e ainda me ajudava a cuidar dos nossos animais. Nos finais de semana, ela cuidava da roupa e eu ia caçar ou pescar – isso nos ajudava muito na alimentação.

Um ano e meio depois nasceu nosso primeiro filho, um belo menino! Foi a maior alegria da minha vida, não aguentei de tanta emoção, e chorei apertando-o em meus braços. Nós o chamamos de Jonas.

A vida era boa demais! Eu me sentia o homem mais feliz do mundo. Mesmo com a falta d'água a gente ia vivendo, pois o camponês é forte e resiste a muitos sofrimentos.

Passaram-se dez anos, tínhamos três filhos. Mas Maria andava magra e pálida, reclamava de muitas dores. Eram chás, remédios daqui e dali, porém nada de ela melhorar.

— Meus filhos, ainda tão pequenos – ela falava de vez em quando, com os olhos cheios de lágrimas –, como eu gostaria de vê-los crescerem, mas sei que não verei isso. Cuide deles, pelo amor de Deus; se acontecer algo comigo, refaça a sua vida e encontre alguém que goste de você e dos nossos filhos.

Eu ficava zangado e respondia:

— Pare de falar bobagens, mulher! Se Deus quer levar um de nós, que seja eu, pois não vivo sem você!

Mas, no fundo, eu temia que algo ruim pudesse acontecer. Ela já não tinha o mesmo brilho nos olhos, estava magra e cansada.

Um dia, eu estava na roça com meu filho Jonas quando uma das meninas chegou ofegante me chamando; disse que a mãe caiu e não se mexia. Larguei a enxada e saí correndo, com o coração disparado, até o local onde ela estava caída.

Cheguei no terreiro de terra batida que rodeava nossa casa e vi Maria estendida – minha filhinha de três anos chorava e chamava por ela.

Peguei-a nos braços para levá-la até o nosso quarto. Ela estava imóvel, escorria um líquido branco do canto de sua boca, os olhos estavam abertos, parados, pareciam contemplar o vazio.

Passei água em seu rosto, esfreguei seus pulsos, molhei um algodão com álcool e pus em seu nariz, mas ela não dava sinal de vida. Nisso chegava minha mãe e uma vizinha. Ao examinar Maria, a mulher olhou para a minha mãe e balançou a cabeça. Minha mãe passou a mão lentamente sobre o rosto de Maria e ela fechou os olhos, como se dormisse.

— Maria está morta, meu filho, e você precisa ser corajoso neste momento. Você tem os seus filhos para criar e, se Deus quis assim, vamos aceitar a vontade Dele. Nós estamos do seu lado.

Agarrei-me ao corpo de Maria e gritei entre lágrimas – não via mais nada em minha frente. A casa ia ficando cheia de gente, mas eu não me lembrava nem de meus filhos. Sentia apenas a tristeza que abateu a minha alma e não parei para pensar no sofrimento deles diante do corpo morto de sua mãe.

Enterrei aquela que era a minha vida e me ausentei de tudo e de todos. Nada mais tinha sentido para mim; nem os meus filhos me davam ânimo para viver, tamanho era o meu sofrimento. Minha mãe e minhas irmãs davam banho nas crianças, lavavam as roupas sujas, arrumavam a casa, tentavam abrir meus olhos, mas eu estava cego.

Eu, que antes era apaixonado pelos meus filhos, naquele momento mal tocava neles. A minha filha menor de três anos vivia chorando noite e dia, chamando pela mãe. Eu não tinha paciência com ela e gritava para que se calasse.

Comecei a espancar os meus filhos por nada. Só a presença deles me incomodava; Jonas, o mais velho, em alguns momentos tentava se aproximar de mim, trazia-me um prato de comida, ficava calado me olhando; em outros, chorava debruçado nos joelhos.

O que eu fazia? Gritava com ele para sair de perto de mim. Para companhia, só a bebida me interessava – eu me afogava em cachaça todos os dias. Aos poucos, meus filhos foram se afastando de mim, e eu dei graças a Deus, pois assim ninguém me aborreceria.

Naquele ano não caiu uma gota d'água no sertão. Só se viam urubus e gaviões sobrevoando as redondezas. E eu, que fui acometido por uma revolta muito grande contra Deus, nunca mais me preocupei em fazer o sinal da cruz. Quando pensava em Deus imaginava: "Se fosse o Pai do qual se fala por aí, como poderia levar uma mãe de família e deixar crianças abandonadas? Já que levou a mãe, por que não levou todos nós?".

Sem qualquer motivação, vivia cambaleando aqui e ali; não tomava banho, não fazia a barba e não me preocupava em comer. Só queria beber e esquecer que estava vivo.

Bêbado, obrigava meus filhos a pedir pelas casas e depois buscar cachaça para mim e espancava-os quando voltavam para casa sem nada. Eles viviam descalços e cobertos de trapos. Depois da morte da mãe nunca mais comprei um chinelo para nenhum deles – na verdade, nem olhava mais para eles.

Meus pais e irmãos imploravam para que eu largasse a bebida, que estava me destruindo. Minha mãe, pobre mulher, vivia fazendo simpatias e novenas por mim, mas eu não queria ajuda. Vendi os cavalos, os arreios, a vaca de leite, as galinhas e tudo o que possuía para comprar bebida.

O inverno voltou para os outros camponeses, mas não para mim, que vivia deitado em uma esteira – dali só me levantava para beber ou procurar o que ainda restava dentro de casa para vender.

Meus filhos não morriam de fome por bondade alheia, e viviam largados como cães sem dono. Jonas ficava de lado me olhando em silêncio. Eu avançava nele e gritava:

— O que é que está olhando? Suma da minha vista, vá procurar o que fazer!

A minha mãe, que cuidava da higiene pessoal das crianças, também faleceu. Eu não me dei conta da perda, recebi a notícia sem emoção. Aproximei-me do seu caixão tropeçando – eu estava completamente bêbado. Nada mais me fazia falta, nada mais me comovia.

Quando não havia mais nada para vender, fui embora para a cidade, largando de vez os meus filhos. Passei a viver nas ruas, apanhando restos de comida no lixo.

Arrumei um bico em uma padaria: rachava dois feixes de lenha e recebia uns trocados, assim eu tinha a minha cachaça. Às vezes eu dormia ao relento, encostado nas pilhas de madeira da padaria.

Ouvia muitos comentários a meu respeito: "Esse cachaceiro merece uma boa surra para criar vergonha! Já pensou se todo mundo que perdesse alguém na família fizesse isso?". Mas nenhum deles me incomodava. Eu falava sozinho pelos cantos que Deus havia me roubado Maria, então, eu ia beber até morrer.

Um dia eu estava limpando um chiqueiro, um outro bico que arrumei, quando avistei meu pai com meu filho mais velho. Eles se aproximaram de mim e chorando imploraram para que eu voltasse com eles. Naquele instante, diante deles, eu tive um momento de emoção: chorei também e desejei voltar a ser o que eu era antes. Eles me animaram. Ficaríamos juntos na casa do meu pai, pois eles queriam me ajudar a parar de beber. Acabei retornando com eles.

Meus irmãos me consolaram com palavras de conforto, me deram roupa limpa, rasparam a minha barba e a minha cabeça, pois eu estava com piolhos. Todos torcendo para que eu me animasse a reparar os meus erros. Meus filhos estavam crescidos e ficaram assustados comigo.

Foi muito difícil, mas consegui ficar sem beber. Acompanhava meu pai e meus filhos à roça, mas à noite era mais difícil, pois não conseguia dormir e tinha vontade de fazer uma loucura.

Olhava para um lado e para outro mas não encontrava alternativa nenhuma para mim. Sentia-me envergonhado diante dos meus familiares. Joguei tudo o que possuía fora, era a ovelha negra da família.

Meus irmãos chegaram a comentar que eu precisava arrumar uma namorada, casar e refazer a minha vida, mas eu pensava: "Que moça iria olhar para mim? Um bêbado, vadio, um irresponsável?".

Fechei-me comigo mesmo, não conversava com ninguém sobre meus problemas íntimos. Na solidão das noites longas e compridas, comecei a pensar em uma hipótese: "Morrer! Sim, eu vou me matar. Sou um peso nas costas do meu pai, sou a vergonha dos meus filhos, não posso dar nada para eles! Morrer é um alívio para todos, inclusive para mim". Uma noite, virando na cama para lá e para cá, tomei uma decisão: "Vou me enforcar, assim eu descanso e dou descanso para os outros, que vivem com medo de que eu venha a fazer novas besteiras".

Uma coragem imensa tomou conta de mim, planejei tudo: iria levantar cedo, pegar uma corda e, antes que alguém acordasse, eu já teria me enforcado. Seria uma morte rápida, eu não sentiria dor alguma, estava convicto disso. Uma força estranha me dominava – eu me sentia animado e decidido, ninguém iria me tirar essa ideia. Mas parecia que eu ouvia uma voz dentro de mim gritando: "Não faça isso, pelo amor de Deus! Pense na tristeza dos seus filhos, que ficarão sem mãe nem pai! Eles estão felizes porque você voltou e parou de beber! Olhe a alegria nos olhos do seu filho Jonas! Não faça isso, filho, pense em Deus, tenha forças. Você vai encontrar um caminho, é só ter paciência. Levante-se, vá beber um copo d'água, olhe para o céu, converse com as estrelas, fique sentado observando as constelações! Fale com Deus em seu coração".

Pensei em Maria. Como seria bom se ela pudesse voltar. Eu teria forças para lutar com o mundo inteiro. Mas ela jamais voltaria para mim, estava morta.

Uma tristeza imensa tomou conta do meu ser, e nada iria mudar a minha decisão! Deus não me amava, se é que Ele existia mesmo; de mim, Ele nunca teve pena, nem dos meus filhos.

Ouvi outro grito dentro de mim: "Pense nos seus filhos... Seus filhos...". Senti um aperto no coração pensando neles: como iriam se sentir sem pai nem mãe? Mas algo ecoava de outro ponto do meu cérebro: "Eles crescerão e cada um cuidará de sua vida! E você ficará do mesmo jeito. Mate-se! Acabe com tudo!".

"É isso mesmo! Vou me matar e pôr um fim nisso tudo. Está decidido! Não quero e não vou passar outra noite neste quarto."

Fiquei discutindo com meus pensamentos o resto da noite, não consegui fechar os olhos. Peguei uma caneta e uma folha de papel e escrevi:

Meu pai, irmãos e filhos, perdoem-me se vou fazê-los sofrer, mas foi o único caminho que encontrei para ter paz. Vocês fizeram tudo para me ajudar, eu tentei, mas não consegui levar uma vida normal. A solução é partir de uma vez por todas! Faço isso para o meu próprio bem e para o de vocês, pois nada tenho de bom para deixar. Agradeço a vocês que tentaram me ajudar.

Deixei a carta em cima da cama.

Assim que percebi os primeiros raios da aurora, levantei-me, vesti-me e saí descalço, na ponta dos pés, para não acordar ninguém. Peguei um laço de corda e segui até os espinheiros. Escolhi um tronco com todo cuidado, subi, amarrei bem a corda, certifiquei-me de que o galho não quebraria com o peso do meu corpo e de que a corda estava firme.

Fiz o laço para enfiar no pescoço e olhei à minha volta. Um gavião grasnou lá do fundo dos espinheiros fazendo que eu me virasse. Pensei: "Você é que é feliz por não ter uma cabeça que pensa. Adeus! Eu não quero mais saber deste mundo, fique com ele para você".

Olhei para a casa do meu pai, ali ainda restava algo que estremecia o meu coração: os meus filhos. Mas nem por eles eu queria continuar vivendo.

Lembrei-me de Maria, tão bonita, meiga e carinhosa. Eu também iria morrer, quem sabe eu a encontraria no mundo dos mortos? Será que existia mesmo esse mundo?

E as vozes gritavam dentro de mim: "Não faça isso, pelo amor de Deus! Não faça isso!". Eu, desafiando esses gritos inaudíveis, respondi em voz alta:

— Vou morrer, sim! Quero ver quem irá me impedir. Cadê Deus para me impedir nesta hora?

Uma força me impulsionava: "Vamos acabar logo com isso! Coloca logo a corda no pescoço e puxa com toda força; é rápido, você morre logo e fica livre de uma vez por todas".

Assim fiz. Coloquei a corda no pescoço e puxei com toda força! Senti uma dor tão forte! Minha cabeça e meu estômago comprimiram-se – não há como definir a dor do enforcamento.

Comecei a gritar por socorro em minha mente, pois a voz não saía. Pensei em minha mãe e em Maria. Havia muitos homens e mulheres abaixo dos meus pés, rindo. De onde surgiram de repente?

Um deles gritou:

— E então, rapaz, está doendo muito? – gargalhavam de mim.

— A escolha foi sua, camarada! Nós não puxamos a corda nem matamos você, mas estamos alegres porque você agora vai ser um de nós, seu otário.

Entre a dor e o desespero, eu gritava por socorro. Parecia que mil mãos apertavam a minha garganta, e eu sentia meu cérebro explodindo.

Passou-se muito tempo e eu continuava ligado a um peso que me sufocava. Suava e tremia de dor, a garganta seca, a cabeça doía demais. Fazia força para sair dali, mas não conseguia.

Percebi que eu estava pendurado em meu próprio corpo mas como isso era possível? Eu não conseguia sair nem voltar para dentro dele.

Os sujeitos que me cercavam na hora da morte estavam sentados me observando. Notei que sua aparência era horrenda: estavam sujos, as unhas compridas, os cabelos em desalinho, a barba por fazer e cheios de feridas.

Enquanto eu me debatia no corpo pendurado à árvore, vi alguns homens vestidos de branco chegando. Logo atrás deles vinham dois cavaleiros fardados, montados em cavalos bem ornamentados. Eles desceram e, apontando em minha direção, falaram com os dois senhores vestidos de branco, que se aproximaram do meu corpo. Um deles parecia puxar algo do meu tórax. O outro sustentava a minha cabeça para colocar alguma coisa em minha boca, aliviando a dor da minha garganta.

Não sei quanto tempo fiquei naquela agonia, mas de repente senti um choque tremendo, e vi o meu corpo caído, já dentro de um caixão. Vi os meus filhos inconsoláveis, chorando, o meu pai em desespero.

Os dois cavaleiros estavam ao lado do caixão e um dos senhores falou para eles:

— Podem levar o prisioneiro, pois nosso trabalho está concluído.

Um dos guardas me algemou e disse:

— Vamos andando, vamos andando, porque a estrada é longa.

Eu tentei protestar dizendo que não fiz nada para ser preso. Eles não me deram ouvidos.

As dores eram insuportáveis, ora eu caía, ora vomitava, gritava por socorro, mas os dois cavaleiros seguiam calmamente sem dar atenção aos meus gritos de protesto.

Ao meu lado, aquele bando de infelizes seguia como se estivesse amarrado a mim com uma corda invisível. Um deles, chegando mais perto de mim, falou baixinho:

— Um dia você vai me pagar, seu otário. Você podia estar bebendo com a gente e bem vivo, mas foi cair na conversa do seu pai e largou a bebida.

— Você nos traiu, seu miserável! Agora somos prisioneiros, mas isso não vai ficar assim – gritou outro homem. Entramos em um corredor escuro, onde só se ouviam o galopar dos cavalos e os nossos gemidos.

Não posso afirmar quanto tempo levamos caminhando naquele corredor. Quando saímos em um lugar claro, os nossos olhos doeram tanto que gritamos feito loucos. Entramos em uma sala escura e a dor nos olhos passou.

Um senhor de meia-idade com uma farda brilhante, acompanhado por duas moças, também entrou. Eles eram luminosos, não era possível ver seus rostos, pois a luz deles incomodava nossos olhos.

Uma das moças falou meu nome, minha idade, lugar onde eu nasci, nome dos meus pais, esposa e filhos. Terminou, acrescentando:

— Faltavam 47 anos para que ele cumprisse a sua estada na Terra; infelizmente precipitou-se, tomando o caminho errado.

— Muito bem – respondeu o senhor –, leve-o para a zona de isolamento, onde ficará incomunicável e só receberá visitas dos nossos irmãos autorizados.

— No tempo certo ele sairá da cela, quando deverá ser julgado pelo crime. Enquanto isso, que seja cumprida a Lei. Os demais ficarão com ele na mesma cela, ajudarão uns aos outros na reconstrução de suas obras.

Um soldado armado com espada e lança seguia na nossa frente pelo corredor sombreado; a única luz era uma tocha pregada no alto do corredor. Atrás do nosso grupo vinham mais dois soldados armados.

Descemos as escadarias e chegamos a um lugar escuro e úmido, onde se ouviam gritos e gargalhadas vindos de todos os lados.

O soldado da frente abriu uma porta de ferro e retirou nossas algemas. Fomos entrando naquele lugar escuro e apertado, sem noção alguma de onde nos encontrávamos.

Quando entrou o último prisioneiro, o guarda fechou a porta por fora e saiu calmamente sem olhar para trás. Não havia bancos, camas, água, nada. O chão era úmido e as paredes, geladas.

Os meus companheiros de infortúnio vieram feito loucos para cima de mim. Foram pontapés, socos e palavrões. Tentei me defender deles, mas levei a pior, pois eles eram muitos e eu estava sozinho.

Caí no chão sem forças. A dor era imensa, e eu já não sabia se aquilo era real ou pesadelo. Minha cabeça doía muito, minha garganta estava seca. Nesse estado mental, adormeci.

Capítulo 3

Nova morada

Quando acordei, senti muita dor. Meu nariz sangrava, eu vomitava sangue, meu corpo doía. Recebi mais pontapés e chutes. E assim foram os meus primeiros dias naquela cela. Eu estava lúcido, lembrava-me de tudo.

Passado algum tempo, comecei a reagir: gritava palavrões, chutava e também brigava com eles. Recebíamos uma refeição por dia, por isso brigávamos sempre por um roubar comida e água do outro. Até que um dia Plínio, o líder da nossa cela, propôs um acordo:

— Cada um come a sua parte. Aquele que roubar apanha de todos.

Recebemos colchões e lençóis. Plínio propôs outro acordo: revezaríamos de dois em dois para dormir e os outros ficariam em silêncio, pois já bastavam os gritos das celas vizinhas.

— Vamos colocar ordem aqui – disse o líder.

Comecei a gostar dele, pois, entre todos os outros, ele era o mais correto.

Com o passar do tempo paramos de brigar e até começamos a trocar palavras de cortesia uns com os outros. Depois, passamos a conversar e fomos nos entendendo. Cada um contou a sua história: todos foram suicidas que conseguiram fugir dos corpos antes do resgate. O único que não contou o seu crime foi Plínio. Ao ser interrogado, ele nos respondeu:

— Estou aqui pagando a minha dívida. Não posso dizer quanto estou devendo porque nem eu mesmo sei! Só sei que nenhum de nós aqui é inocente.

Fiquei sabendo o motivo da raiva deles por mim: eu os atraía para o meu mental através da bebida, então eles estavam ligados a mim. Quando me enforquei, poderia ter escapado com eles, mas, como estava ligado ao mental de Maria e de minha mãe, não fugi e acabei levando-os comigo para a cadeia. Havia momentos em que brigávamos; em outros, chorávamos por nosso destino.

Eu sempre via os guardas passando para lá e para cá, na escuridão; suas vestes brilhavam como a luz do sol, fazendo nossa vista doer.

O líder comentou conosco que aqueles homens eram os guardiões de ronda e que por meio deles nossos familiares poderiam obter notícias nossas. Um dos prisioneiros perguntou:

— E como você sabe de tudo isso?

Ele respondeu:

— Vivendo e observando a vida.

Assim os dias iam passando. Lembro-me bem da primeira vez em que chorei com sentimento: foi no dia em que vi sair o primeiro companheiro de cela. Abriram a nossa cela e um dos luminosos (era assim que chamávamos os guardiões) chamou o nome do nosso companheiro. Ele encostou-se na parede, com medo, e o guarda disse:

— Será levado a julgamento. Hoje o senhor estaria deixando o seu corpo físico se estivesse na Terra cumprindo o seu dever. Vamos lá, o júri está formado, todo o processo foi estudado e analisado com muito cuidado. Não se preocupe, a justiça será feita.

Nós nos entreolhamos, será que nunca mais voltaríamos a vê-lo? A essa altura nós já havíamos aprendido a nos amar como verdadeiros irmãos.

Ele perguntou ao guarda:

— Posso me despedir de todos? Possivelmente não devo retornar para esta cela, não é mesmo?

— Possivelmente, não – respondeu o guarda. – Pode se despedir de seus irmãos, eu aguardo aqui fora.

Sílvio nos abraçou chorando, pediu-me perdão por tudo o que passamos juntos. Não suportei, foi uma emoção muito grande, e as lágrimas escaparam dos meus olhos – eu nem acreditava que ainda pudesse chorar. Também pedi perdão a ele pelos momentos difíceis que o fiz passar.

Quando saiu, ficamos encolhidos, cabisbaixos, cada um no seu canto, ninguém falava nada... Cada um com seu próprio sentimento.

Eu tomei coragem e falei, sem olhar para ninguém:

— Vocês sabem quem será o próximo?

Todos fizeram sua conta – os guardas nos ajudavam nisso, informando-nos o ano, o mês e o dia em que estávamos vivendo. Para o nosso líder ainda faltavam quinze anos; para os outros faltavam dezoito, vinte, dez, oito, cinco, três, um e meio, e para mim ainda faltavam vinte e dois anos! Então, eu seria o último a sair. Fiquei me imaginando sendo julgado, e pensei em voz alta:

— Meu Deus! E se quando sairmos desta cela formos para outra pior?

Plínio respondeu:

— Ficaremos recolhidos nesta cela enquanto não completarmos o tempo que seria a nossa morte natural na Terra. Não cumprimos a nossa missão, lembra?

Um dos companheiros comentou:

— Se soubéssemos o que acontecerá com o Sílvio, teríamos uma ideia do nosso futuro.

Outro acrescentou:

— Para onde será que ele vai? Se pudéssemos saber...

O nosso líder, percebendo a ansiedade de todos, nos acalmou dizendo:

— Vamos parar de pensar ou enlouqueceremos; se estamos aqui é porque somos culpados! – E prosseguiu falando:

– De nada vai adiantar ficarmos discutindo ou imaginando o que não podemos saber no momento. Chegará a hora de cada um, isso é certo.

Um dia, enquanto recebíamos a comida, o guardião de plantão nos disse:

— O amigo de vocês foi transferido para uma colônia muito boa, um lugar que se parece com a Terra. Ele precisa plantar e colher para comer, mas é uma colônia iluminada pelo sol e banhada pela lua, com muitas pessoas saudáveis e bonitas. – E completou: – Desejo que cada um de vocês tenha a mesma sorte que ele.

Despediu-se e saiu, deixando-nos sonhando com essa possibilidade.

Nosso líder, sorrindo, falou:

— Tomara que o Sílvio não se esqueça de nós. Brigamos muito, mas no fundo desejo que ele seja muito feliz.

— Quem sabe um dia nos veremos outra vez? – falou um dos nossos companheiros.

— Quem sabe... – respondeu Plínio, olhando para o vazio.

O tempo passava e as lembranças dos nossos entes queridos aumentavam. De tanto que falávamos deles, já faziam parte da nossa vida. Quando eu estava cabisbaixo, algum companheiro falava, em tom de brincadeira:

— Sonhando com a Maria?

Eu me perguntava constantemente: "Onde estará Maria? Ninguém morre, agora sei disso. Ela era uma santa, só pode estar no céu... E minha mãe? Outra santa! Deve estar com ela. E meus filhos? Como estariam os meus filhos? E meu pai? Ainda estaria na Terra?".

Quando eu começava a pensar muito no passado, sentia dores horríveis, começava a sangrar pelo nariz e a vomitar sangue. Fui advertido por nosso líder a deixar de pensar no passado, pois em nada me ajudaria, além de atrapalhar a vida dos outros.

O tempo foi passando e cada companheiro que saía era uma perda muito grande para nós. A cela estava ficando muito solitária.

Quando nosso líder e amigo preparava-se para deixar a cela, disse com sinceridade:

— Jamais vou esquecê-los. Quando nos encontramos estávamos cheios de ódio um pelo outro, mas hoje, se eu pudesse, renunciaria a qualquer benefício para continuar com vocês. – E completou: – Já infringi muitas vezes as Leis Maiores, meus amigos. Daqui para a frente vou tentar me resignar. Preciso aceitá-las e compreendê-las melhor. Ainda tenho muito o que ajustar em minha caminhada.

Olhando para mim, ele pediu:

— Com a minha saída, você ficará coordenando os outros, pois será o último a sair. Desde já vá treinando e aprendendo a conviver com a saudade.

— Eu serei o líder?

— Sim, você. Espero que se lembre sempre de mim como um amigo, pois é assim que me lembrarei de você – Nos abraçamos e choramos em silêncio.

Assim, todos foram saindo, e eu fiquei completamente só. Posso dizer que não há inferno maior que a solidão. Ali, trancado entre quatro minúsculas paredes, eu chorava, batia com a cabeça na parede escura, gritava para ouvir a minha própria voz.

Fiquei meio louco, perdi a noção do tempo, preferia não pensar em nada mais. Os guardiões tentavam me deixar informado sobre o meu tempo, mas eu preferia não fazer mais contas. De vez em quando sonhava com Maria e com os meus pais. Acordava e chorava muito, apesar de esses sonhos me consolarem.

Um dia o guardião abriu a cela e disse:

— Vamos lá, meu amigo, sua hora chegou!

Tomei um susto, mas não respondi nada. Acompanhei o guardião, que me levou até um salão com uma luz azulada. Os meus olhos ardiam um pouco.

Sentado no meio daquele enorme salão havia um senhor velho, de barba branca como a neve, com um livro aberto na mão. Ao lado dele, várias pessoas em trajes luminosos. Olhando para mim, ele disse:

— Antes de lermos o processo do nosso irmão, faremos uma oração. Vamos pedir ao Pai Redentor clemência por esse nosso irmão que não pensou no grande prejuízo que causou a sua própria caminhada.

Todos de mãos dadas oravam, e eu não consegui controlar as duas lágrimas que rolaram dos meus olhos.

O processo foi lido: eu estremeci, pois ali, diante do grande júri, eu me lembrei de toda minha vida antes da reencarnação.

Eu trabalhava em uma colônia de socorro, e minha esposa estava se preparando para voltar à Terra. Eu implorei aos mestres para voltar com ela. Tive uma audiência com o mestre responsável e ele me explicou:

— Se você, por livre e espontânea vontade, resolver acompanhá-la, sua missão será dolorosa.

Ele me contou o que eu iria ter que passar. Ele me aconselhou a aguardar um pouco mais para voltar à Terra e resgatar os meus débitos, mas eu fiz mil juramentos de que iria suportar as minhas provações.

Recebi um longo treinamento para retornar à Terra, e vim cheio de esperança e alegria. Tudo o que eu queria era estar ao lado de minha amada e ao mesmo tempo corrigir uma dívida passada. Mas na Terra esqueci de todos os meus propósitos, e acabei estragando todo o plano que iria me beneficiar e aqueles que precisavam de mim.

Coloquei as duas mãos sobre o rosto e comecei a chorar: "Quantas coisas, meu Deus, deixei de fazer! Quanta irresponsabilidade! O que fiz da minha vida?".

Ali, diante dos meus olhos, estavam sendo exibidas cenas da minha vida. Era eu mesmo! Implorei para voltar à Terra, recebi todo apoio, toda ajuda necessária para ter sucesso em meu trabalho. No entanto, estraguei todo o projeto dos mensageiros que confiaram em mim.

Vi claramente quando me comprometi dizendo a mim mesmo que suportaria com alegria todas as provações apresentadas, e para isso recebi mais de dois anos de treinamento espiritual.

Vi que, logo após a morte física de Maria, eu iria cuidar dos meus filhos e tornaria a me casar com Gilda, uma moça com a qual eu tinha uma dívida passada. Iria me casar com ela e assim reparar um erro do meu passado. Receberíamos dois filhos, que deixamos para trás.

Em uma das minhas encarnações tirei-a da casa de seus pais, moça digna, pura e honrada, depois a abandonei sem qualquer recurso para sobreviver e sem amparo da família – prostituiu-se para sobreviver. Baixei a minha cabeça e chorei de vergonha vendo aquela moça digna que deixou a casa dos seus pais confiando em mim. Ela me amava! Meu Deus! Por que fiz isso com essa criatura tão nobre? Tive outra chance de reparar o meu erro com ela e falhei novamente.

O mestre pedia que eu continuasse observando todas as cenas do que teria sido a minha vida se eu tivesse cumprido o meu dever. Vi meus filhos se casando e tendo filhos, vi meus netos brincando no meu colo.

Vi Gilda sentada em uma cadeira de balanço, com os cabelos grisalhos presos no alto da cabeça, tricotando um sapatinho para o nosso bisneto. Eu me vi sentado em outra cadeira de balanço, chapéu de palha na cabeça, cabelos brancos e ralos, o corpo pesado pelos anos, mas o coração radiante de alegria.

A minha casa estava cheia de mantimentos, e eu, tranquilo, observava a minha colheita, os meus animais e agradecia a Deus por tanta fartura e felicidade. Aquele era o retrato de minha vida que fora planejada antes da minha saída da colônia.

Terminando o meu estágio como encarnado, vi o meu desencarne. Deitei-me e desencarnei sem dor e sem sofrimentos, alguns mestres me desligando do corpo físico. Acompanhei alegremente o enterro do meu corpo ao lado de Gilda. Muitos amigos e todos os meus filhos, netos, noras, genros, choravam a minha falta, mas se orgulhavam do homem que fui para eles. Essa seria a história de minha vida.

A tela apagou-se. Eu estava tão envergonhado que não conseguia respirar. Diante de tudo aquilo, tive plena certeza da bondade de Deus para com todos nós. Fui um traidor de Sua Lei e, mesmo assim, Ele me concedeu um abrigo naquela cela ao lado de amigos que se tornaram verdadeiros irmãos para mim.

Os mestres não me julgaram, apenas me mostraram o retrato da minha vida. Todos estavam em silêncio, orando por mim.

Eu me levantei, fui até onde se encontrava um dos meus antigos mestres, que reconheci entre tantos outros, e em lágrimas beijei-lhe as mãos. Ele tocou o meu rosto com carinho e disse-me:

— Meu amado filho, o importante é que você está aqui, consciente e desejoso de prosseguir.

De joelhos, no meio dos jurados, implorei:

— Em nome de Deus, eu preciso de tempo para recompor a mim mesmo e para depois tentar encontrar as minhas vítimas e suplicar a Deus que possa obter delas o perdão.

O mestre de barba branca dirigiu-se até a mim e levantou-me do chão, dizendo:

— O teu pedido foi aceito, meu filho, os anos aqui passam rápido! Acreditamos que você terá tempo suficiente para se recompor espiritualmente.

Outro mestre, sustentando um olhar firme, mas ao mesmo tempo bondoso, levantou-se, ergueu a mão e, pedindo licença, falou:

— Não tive influência alguma em suas decisões terrenas, meu rapaz! Estou aqui entre os nobres irmãos afirmando que na Terra fiz de tudo para que você me ouvisse, mas não tive sucesso! – E continuou: – Jamais deu ouvidos ao seu coração. Você não pode acusar Deus nem seus mensageiros intermediários pelas suas faltas! Como um representante desta mesa, posso assegurar que você nunca nos deu ouvido. Eu procurei falar no seu coração, muitas e muitas vezes, porém você nunca prestou atenção em minhas palavras. Conhecedor dos seus propósitos na Terra, eu procurei fazer de tudo para ajudá-lo, mas você preferiu unir-se aos irmãos que estavam nas mesmas condições espirituais que você, provocando essa tragédia em sua vida, usando a Lei do Livre-Arbítrio contra você mesmo.

Enquanto ele falava comigo usando a sua autoridade, imaginei: "Será que ele foi o meu anjo de guarda na Terra?". Antes de eu terminar de pensar, ele me respondeu:

— Fui um mentor que tentou lhe mostrar que a morte não existe e que devemos honrar a obra mais cara de Deus: a vida.

— O senhor tem razão, fui um irresponsável. Ah! Se antes eu tivesse lhe dado ouvidos! Com certeza teria recebido a sua ajuda, mas nem do senhor, de Deus ou de outro amigo eu me lembrei. Perdoa-me, pelo amor de Deus.

Finalmente eu me lembrei de quem se tratava: era um espírito protetor que tentou me ajudar. Muitas vezes, quando estava caído na rua, embriagado, eu via aquele rosto arrastando-me, colocando-me na calçada, abrigando-me da chuva e tentando falar comigo. Eu pensava que era a cachaça, mas isso acontece com todas as pessoas que bebem e se drogam. Os espíritos, além de nos protegerem fisicamente, tentam nos convencer a deixar o vício.

Às vezes os viciados conversam, discutem, brigam, choram com os irmãos espirituais que vêm ajudá-los. Quem ouve pensa que é loucura provocada pelas drogas, mas não é. Uma pessoa, quando está drogada, fica cercada de dezenas de outros sofredores. Esses irmãos errantes sugam as energias vitais dela, mas ela sempre é ajudada por mentores de Luz.

Uma senhora me observava com compaixão – seus olhos claros brilhavam como duas estrelas. Ela levantou-se e, com uma voz calma e doce, fez todos pararem para ouvi-la.

— Mestre – disse ela –, eu vos suplico, em nome de Deus, libera e encaminha este pobre irmão ao seu novo destino. Ele precisa de tempo para refazer-se e de paz para ajustar-se com Deus.

— Tem razão, irmã Beatriz – respondeu o mestre. – Vamos encerrar nossa reunião e encaminhar o irmão à sua nova morada.

Recebi a minha sentença com alegria, pois iria trabalhar em uma colônia que se assemelhava à Terra, iria estudar, receber instruções e poderia me relacionar com os meus novos companheiros, mas não era permitido sair ou receber visitas. Conforme fosse o meu comportamento, eu poderia ganhar a minha liberdade provisória, até ser convocado para retornar e cumprir as minhas tarefas terrenas.

Depois de cumprir a minha pena, eu poderia procurar pelos meus entes queridos se assim me aprouvesse. Eu deveria continuar trabalhando até ser convocado para uma nova reencarnação. Isso eu teria que pagar mais cedo ou mais tarde, e em condições de vida bem piores.

Capítulo 4

Um castigo chamado Tiago

Fui levado pelo mesmo soldado até um carro que se assemelha aos ônibus da Terra – pude compará-los quando retornei, e fiquei maravilhado com essa descoberta. Os engenheiros do espaço vêm para a Terra desenvolver os projetos que se assemelham aos dos planos espirituais. Os nossos engenheiros são de fato espíritos com grande experiência espiritual.

Sentado no carro, eu respirava aliviado. Recordava dos anos vividos no presídio ao lado daqueles que se tornaram meus amigos verdadeiros. Ficava imaginando: "Será que tem alguém conhecido nessa nova colônia?". Seria bom demais... Olhei ao meu redor. Havia muitos homens cabisbaixos, e ninguém trocava uma palavra, todos estavam compenetrados em seus pensamentos.

Andamos por túneis estreitos, mas não sei quanto tempo durou a nossa viagem. O carro parou e o condutor nos disse:

— Chegamos! Graças a Deus, tudo correu bem.

Alguns guardiões rodearam o carro, cumprimentaram os soldados que nos acompanhavam e trocaram alguns papéis entre si. Quando começou o desembarque, eu não acreditei no que meus olhos estavam vislumbrando: o local era idêntico à Terra! Sol, vento, flores, pássaros e muito verde.

Percebi que a colônia era uma detenção de segurança máxima, cercada de muros altos, com lanças trançadas por todos os lados, mas era um lugar lindo.

Passamos pelo portão central. A simpática moça da recepção nos dava boas-vindas, dizendo:

— Em seus alojamentos, vocês encontrarão o básico para as suas primeiras necessidades.

Entramos por um longo e largo corredor, e um dos guardiões me apontou um quarto limpo e mobiliado. Fiquei maravilhado por, depois de tantos erros, receber uma morada tão limpa, cheirosa e confortável.

— Você dividirá o quarto com outro irmão; ele deve estar chegando em breve, pois vem de outra colônia. Aí tem roupas limpas, aparelho de barbear, escovas e todo o material de higiene pessoal. Melhore a sua aparência... – E avisou-me: – Dentro de duas horas passarei por aqui para levá-lo para conhecer as dependências de sua nova morada. Acompanhe as horas naquele relógio, ali na parede – disse ele, apontando. Para me confortar, concluiu: – Fique tranquilo, rapaz, esta colônia é uma das mais calmas que conheço. Pelo trabalho desenvolvido em suas vidas passadas, você teve o privilégio de vir para cá. Os anos aqui passam em um piscar de olhos. A gente se envolve tanto com a vida que acaba esquecendo do tempo. Bem, estou indo. Fique à vontade e prepare-se – disse o guardião ao se retirar.

Quando entrei no banheiro, assustei-me com o meu rosto no espelho, eu parecia mais um monstro que um homem. Os cabelos trançados, a barba comprida, uma aparência velha e suja.

Tomei um banho demorado, vesti roupas limpas, fiz a barba, usei uma colônia amadeirada. Gargalhei ao me olhar no espelho novamente: eu era outro!

Comecei a examinar o quarto. Tudo muito simples, mas de bom gosto. Na na parede, um belíssimo quadro de uma mãe amamentando o seu filho.

Havia uma mesa, em um canto, com duas cadeiras. Sobre ela havia cadernos e lápis. Logo acima, na parede, tinha uma prateleira com livros. Peguei um deles e comecei a lembrar! Eu já tinha visto aquele livro em algum lugar! Mas onde? De repente, lembrei-me: era o livro da colônia Sagrado Coração de Jesus, onde passei muitos anos da minha vida ao lado de Maria.

O título me chamou atenção: *Espíritos e seus amores*. Lembrei que Maria era muito romântica, vivia recitando os versos daquele livro. Logo me veio à mente um deles:

*Lírios brancos são meus prediletos...
No meu coração tem uma luz chamada saudade, e essa saudade é você...
Nos meus olhos já sinto as lágrimas de alegria, anseio pela sua volta...
Saudade sente quem ama, saudade é um bom sentimento...
Quero te ver chegando, radiante estarei à tua espera, me alegra saber de sua vitória!
Onde você estiver, o seu sorriso é o meu sorriso, os seus olhos são os meus olhos, a sua luta é minha luta, suas conquistas são nossas vitórias!
Junto de ti estarei por todo o sempre, pois você é minha vida, a vida é feita de amor. Sem amor não há vida, a nossa vida é uma só...*

Sentei-me na cama. Eu tremia e chorava de alegria e de saudade. "Meu Deus, como pode esse livro estar aqui?"

Fiquei muito tempo beijando aquele livro, lendo e relendo o nosso poema. Sem poder conter as lágrimas, deixei que elas corressem livremente. Eu precisava me preparar para viver longos anos longe de Maria, dos meus filhos e de todos os que se prepararam para dividir uma vida comigo, mas esse livro me trazia esperança e também saudade do meu amor.

Coloquei-o no lugar. Afinal de contas, para que ter pressa? Eu teria muito tempo para lê-lo e relê-lo.

Fui até a janela, afastei a cortina, debrucei-me sobre o parapeito. O sol brilhava sobre as árvores, que se balançavam calmamente. Até onde os meus olhos podiam avistar, havia uma mata fechada em volta da colônia.

Havia um belo jardim no entorno da colônia, assim como um pomar e muitos canteiros de verduras, hortaliças, legumes, que se misturavam e estendiam-se a perder de vista; o cheiro da terra era maravilhoso.

Lembrei-me da roça onde vivi com Maria e fui muito feliz. Ah, se eu pudesse começar tudo de novo...

Estava envolvido em meus pensamentos quando alguém bateu à porta. Era o guardião.

— Vamos lá, meu jovem, está na hora de levá-lo para conhecer o seu novo lar, a sua nova família.

Ele me observou e, rindo, comentou:

— Agora sim! Está ótimo! Viu como um bom banho pode mudar a aparência de um homem?

Encabulado, agradeci.

Enquanto atravessávamos o corredor, ele me disse:

— Em três dias partirei para a colônia Sagrado Coração de Jesus e levarei alguns internos que acabaram de receber a liberdade provisória. Já ouviu falar dessa colônia?

Meu coração disparou e um desejo louco tomou conta de mim. Eu queria perguntar a ele se conhecia Maria e outros amigos que lá deixei, mas fiquei com receio e respondi:

— Sim, senhor, eu já ouvi falar.

Fiquei feliz em saber que a colônia ficava próxima e que com certeza Maria estava lá.

Chegamos a um auditório repleto de pessoas. Observei que os internos eram todos homens. Sentei-me ao lado do guardião e vi que os irmãos que embarcaram comigo estavam presentes – todos limpos e com uma boa aparência. Olhei em volta procurando algum companheiro de cela, mas infelizmente não avistei ninguém.

Havia vários mestres luminosos sentados em cadeiras altas, que pareciam flutuar sobre o palco. Uma música serena tocava suavemente. Um senhor franzino e pequenino levantou-se e nos convidou a orar.

Enquanto todos oravam fervorosamente, ouvi um de meus companheiros reclamando:

— Será que vou ter que ficar rezando por duzentos anos? Prefiro ir para o inferno...

Quando terminaram as orações, o senhor franzino começou a nos falar carinhosamente sobre Jesus Cristo e sua Mãe, em seguida passou a falar sobre nossa vida – por fim, aquele que blasfemava ficou em prantos.

Fomos levados até o senhor um por um, recebemos um passe que pareceu nos deixar sonolentos, calmos e desarmados de nossas mágoas.

Nossas tarefas foram especificadas, cada um recebeu uma incumbência. Eu iria cuidar das hortaliças durante seis meses. Ali havia um rodízio de funções e todos colaboravam de bom grado em todas as tarefas.

Não havia escolha, tratava-se de um sorteio semestral. A tarefa que pegássemos seria executada por seis meses.

Tínhamos um superior que supervisionava os trabalhos, e a recomendação era: cada um cumpre com alegria e boa disposição os seus deveres.

Iríamos começar o curso de recuperação e estabilidade espiritual, e aos poucos seríamos inscritos em outros cursos.

Teríamos um dia de lazer por semana, aos domingos, quando podíamos jogar, nadar, pescar, tocar e cantar, e havia vários esportes também. Enfim, qualquer coisa que ajudasse na nossa recuperação seria aprovada pelos mestres.

Recebemos uma advertência: não seria permitida a saída nem visitas para qualquer interno. Deveríamos viver em paz, aprender a gostar uns dos outros, não olhar o próximo com maldade.

Afinal, nós, por escolha própria, perdemos por tempo determinado o direito de ir e vir. Deveríamos lutar para reconquistar a dádiva de Deus que é a liberdade.

Fomos apresentados aos nossos supervisores e colegas de trabalho, andamos por vários departamentos. Recebi um cartão com as indicações dos cursos nos quais eu poderia me inscrever. Conhecemos as salas de aula, o ambulatório, a cozinha, a lavanderia e as repartições administrativas.

Fomos apanhar a nossa roupa de trabalho. Na volta recebemos a instrução para irmos ao refeitório receber a refeição.

Sentei-me ao lado de dois colegas que já trabalhavam na horta comunitária. Conversamos muito. Fiquei sabendo que eles dividiam o mesmo quarto, e perguntei a eles sobre meus amigos de cela, mas disseram que não havia ninguém entre eles com as características que eu passei.

Eu comentei que ainda não conhecia meu colega de quarto, que, segundo o guardião, devia estar chegando.

— Tomara que seja gente boa como vocês. Afinal de contas, vamos dividir o quarto por muitos anos! – brinquei.

Um deles respondeu bondosamente:

— Ah! Com certeza é gente boa! Aqui, graças a Deus, só tem pessoas boas.

Ao terminarmos a refeição, um mestre fez uma breve palestra sobre fé, amor e esperança. Logo depois fomos instruídos a voltar aos nossos aposentos para descansar e iniciar a nossa missão bem cedo no dia seguinte.

Fomos alertados de que o relógio despertaria às cinco horas da manhã (horário terreno). Deveríamos nos levantar, arrumar a cama, tomar banho e colocar as roupas sujas no cesto que ficava no corredor, em frente ao nosso quarto.

Deveríamos deixar as janelas dos quartos abertas e todo o resto em ordem, e todos deveriam descer cinco minutos antes das seis horas para a primeira oração, vestindo roupa de trabalho.

Deixamos o salão. Eu e meus dois novos amigos subimos as escadas que nos levava ao primeiro andar, nos despedimos e fomos para o quarto.

Ao abrir a porta do quarto, me surpreendi! Havia alguém deitado em uma das camas. O ambiente estava à meia-luz, mas dava para ver que era um rapaz muito jovem.

Contente por vê-lo, abri um sorriso falando:

— Que surpresa maravilhosa! Então você é o meu colega de quarto? Seja bem-vindo!

Sem mexer-se na cama, ele respondeu-me bruscamente:

— Infelizmente sou! E tenho um aviso a lhe dar: Não puxa muita conversa comigo que eu não gosto de pilhéria.

Fiquei decepcionado com a recepção dele. Calmamente fechei a porta e respondi:

— Tudo bem, desculpe-me o mau jeito. Quero viver em paz com você, pois temos muitos anos pela frente e não desejo aborrecer ninguém.

— Cuida da sua vida e não me amola, entendeu? Não me aborreça porque eu não respondo pelos meus atos quando sou contrariado – respondeu-me.

Entrei no banheiro e vi que estava a maior baderna! Ele deixou a torneira vazando, os papéis jogados no chão, o tubo de pasta aberto, as toalhas jogadas. Coloquei tudo em ordem e retornei ao quarto.

Só então me dei conta de que ele tinha jogado todos os meus pertences no chão. Arrumei cada coisa em seu lugar, deitei-me e tentei pegar no sono.

Acordei com o grande relógio batendo cinco horas da manhã. Olhei para a cama onde deveria estar o meu colega, mas estava vazia e desarrumada; havia coisas espalhadas por toda parte.

Levantei-me e rapidamente arrumei a minha cama. Corri para o banheiro e tudo estava revirado. Tentei às pressas colocar as coisas em ordem. Vesti-me e apressei-me em colocar as roupas do dia anterior junto com as toalhas no cesto do corredor.

Onde estaria o meu colega de quarto? Levantou-se mais cedo e saiu? Quem sabe já está no salão de orações ou recebeu alguma outra incumbência.

Quando desci encontrei os meus vizinhos e amigos vestindo roupas de trabalho. Ao chegar ao salão de orações, olhei à minha volta tentando reconhecer meu colega de quarto. Não pude ver nitidamente seu rosto à meia-luz, mas tinha uma ideia, e com certeza ele não estava ali.

Fizemos nossa oração e recebemos palavras de conforto e esperança. Após o desjejum, acompanhamos os supervisores aos campos de trabalho.

Trabalhar com a terra é maravilhoso, pois seu cheiro dá ânimo ao trabalhador. Mexer na terra fértil e úmida atiçou minhas lembranças, e recordei de quando me preparava para casar com Maria. A terra me oferecia esperança.

O trabalho era agradável; parecia ter passado apenas meia hora e o guardião já nos chamava: era hora de voltar. Deveríamos nos apressar, pois atrasos não eram permitidos em hipótese alguma ali na colônia. Aqueles que desobedecessem as regras locais seriam transferidos para colônias com disciplina mais rígida.

Fazíamos a refeição e seguíamos para a sala de aula. Na volta, tínhamos tempo de limpar os quartos, assim de manhã tudo se tornava mais fácil.

Ao entrar no quarto, não acreditei no que vi: sujeira e restos de comida por toda parte, chão sujo, roupas sujas jogadas em cima da minha cama e o meu amigo deitado olhando para o vazio.

Retirei as roupas sujas, encostei-me em um canto. Entrar no banheiro dava náuseas – precisei limpá-lo antes de usar. Vesti-me e saí aborrecido, enquanto pensava: "Preciso falar com alguém sobre o que está acontecendo!".

As aulas foram maravilhosas – ali parecia que as horas voavam. Os mestres eram de uma compreensão fora do comum.

Voltei ao meu quarto sem saber o que iria encontrar. Abri a porta lentamente. O amigo estava debruçado na janela, comendo alguma coisa.

Virou-se para mim e gritou:

— A faxina você faz! Ou vamos ter problemas! Se eu ficar sabendo que você andou batendo com a língua nos dentes e fazendo reclamações de mim, aí sim as coisas vão piorar por aqui.

Em um ímpeto, explodi:

— Escute aqui, meu amigo! Quem você pensa que é? Acha que eu tenho medo de você? Vou procurar o guardião agora mesmo e mostrar-lhe o que você faz aqui dentro do quarto! Não sou seu escravo. Tentei ser gentil com você, não lhe fiz mal algum. Por que essa hostilidade para comigo?

O rapaz avançou para cima de mim com os lábios tremendo, puxou-me pela gola da camisa e me jogou sobre a cama dizendo:

— Limpa o quarto agora mesmo! De hoje em diante quem manda aqui sou eu! Faça uma reclamação minha e vou lhe mostrar do que sou capaz!

E acrescentou, apertando meu pescoço:

— Se você acha que está ruim dividir o quarto comigo e fazer o que eu quero, procure outro lugar para ficar!

Eu me lembrei de que não devia me meter em encrencas. Lembrei-me da cela, onde também foi assim. Quem sabe com o tempo ele se tornaria meu amigo? Eu teria que me adaptar para viver bem com ele, pois não se trocava de quarto com outros companheiros. O rodízio era apenas no serviço, jamais na moradia.

O tempo foi passando. Eu tinha meu trabalho, as aulas, e os companheiros de jornada eram maravilhosos. Mas a vida com meu companheiro de quarto era um inferno.

Já fazia seis anos que eu estava na colônia, e então, no sorteio de tarefas, fui sorteado para trabalhar com o meu colega de quarto na limpeza das salas de aula. Fiquei preocupado, pois ele não me suportava, e eu acabei sentindo uma aversão muito grande por ele. Apesar de receber instruções sobre isso em todas as aulas, era muito difícil a convivência com ele.

Em todas as tarefas que desenvolvi naqueles seis anos não tive contratempo com ninguém. Procurava me relacionar bem com todos os companheiros.

O supervisor nos passou as instruções das nossas tarefas. Enquanto eu limpava uma ala, ele deveria limpar a outra, coordenando o nosso tempo. Caso um terminasse antes, deveria auxiliar o outro.

Terminei de limpar toda a ala pela qual estava encarregado. Quando procurei saber se meu amigo havia terminado, ele não havia movido uma palha.

Estava sentado na primeira sala de aula lendo um livro. Ao me ver, riu de maneira sarcástica:

— A faxina quem faz é você! E sem reclamar. É bom andar logo porque o supervisor pode aparecer – disse calmamente.

Aquilo foi demais! Respondi tomado pela ira:

— Estou cansado de você, seu calhorda! Vou procurar o guardião agora mesmo! Seja o que Deus quiser.

Bati na porta da sala do guardião e relatei o que vinha acontecendo. O guardião pareceu-me espantado, e respondeu:

— Interessante... O Tiago é muito elogiado por todos os seus colegas de trabalho, assim como você.

E, levantando-se, continuou:

— Vamos lá! Quero falar com ele pessoalmente e saber o que está acontecendo.

Saí na frente, pensando: "Vamos colocar de uma vez por toda essa história em pratos limpos. Não vou mais suportar esse Tiago! Esse demônio infiltrado entre nós".

Abri a porta da sala e entrei com tudo! Tiago não estava mais lá, e a sala estava limpa e perfumada. O guardião foi abrindo sala por sala, todas elas limpas e bem organizadas – sinceramente, bem mais organizadas que as minhas.

O guardião bateu no meu ombro e, sorrindo, falou:

— Vá assistir à sua aula, você deve estar cansado. Mas cuidado para não fazer julgamentos errados.

Fiquei sem entender como tinha sido possível ele limpar tudo aquilo em questão de minutos. Eu gastei horas, e vi com meus próprios olhos que tudo estava fora do lugar, empoeirado, enquanto ele lia.

Chegando ao quarto, Tiago me esperava de pé. Quando me viu entrar avançou sobre mim, e lutamos como dois animais. Apesar de tê-lo socado, levei a pior na briga. Eu sangrava pelas narinas, e o quarto ficou em frangalhos. Ameaçando-me, ele disse:

— Eu te avisei! Se você quer guerra, vai ter!

Corri para o banheiro e fui tomar banho às pressas, pois precisava ir assistir às aulas. Ouvi alguém batendo à porta do quarto e, pedindo licença, entrou. Era o supervisor da área.

Saí do banheiro apressado, ele estava de pé em frente à porta, e quando me viu falou:

— Você deve se apresentar à sala 45 para receber uma advertência por escrito. Recebemos uma denúncia do mau cheiro que exala do seu quarto. Vejo que o seu colega arruma a parte que cabe a ele, enquanto você deixa tudo jogado por aí, veja só! É proibido trazer comida para o quarto. Veja sua mesa de cabeceira! Não fica satisfeito com a refeição recebida? Coma à vontade no refeitório, mas não traga comida para o quarto.

Olhei ao meu redor. Os pertences de Tiago estavam todos arrumados e a cama bem esticada, enquanto a minha... Com os meus pertences jogados de qualquer jeito, não consegui explicar a desordem.

Antes da minha aula, fui até a sala 45 e lá estava a minha advertência: *zelar pelo patrimônio da colônia*. O supervisor passaria a verificar diariamente o meu quarto. Se cometesse mais uma falta, eu não receberia uma segunda advertência, seria transferido para uma colônia de indisciplinados. E lá o tratamento era bem diferente do que vinha recebendo.

Contrariado, segui para a minha aula, e prometi a mim mesmo: "Vou fazer o possível para não aborrecer o Tiago, ele deve ser um doente espiritual".

Comecei a relembrar que na cela onde passei tantos anos também sofri muito com aqueles irmãos e aprendi a amar cada um deles, mas com Tiago não havia acordo. Não iria desafiá-lo, nem me aborreceria com ele.

Voltei para o quarto, fiz a faxina, recolhi as toalhas e as roupas sujas, colocando todas no cesto.

Tiago estava deitado em sua cama lendo e parecia não perceber a minha presença. Eu rezava para vencer o sentimento que crescia dentro de mim. A minha vontade, se pudesse, era matá-lo, mas como se ele já era um espírito? Em seguida eu pedia perdão a Deus.

Enquanto me preparava para dormir pensava: "Como ele conseguiu fazer tudo aquilo tão rápido? E como se explicava o nosso quarto, com todas as coisas dele no lugar? Que truque ele usava?". Quanto mais pensava nisso, mais crescia minha mágoa. Eu faria qualquer coisa para me livrar do Tiago! Já nem sabia se realmente tinha sido bom ter deixado a cela. Lá eu sofria de solidão, mas não havia Tiago. Será que um dia alguém iria tomar providências fazendo justiça? Naquela noite passei mal, senti dor de cabeça, tive falta de ar, levantei-me triste, aborrecido e me perguntando se os nossos superiores estão preparados para acompanhar a nossa vida: "Eles não estão vendo isso? Como poderei suportar esta vida se o Tiago não melhorar a sua conduta?".

Capítulo 5

A grande revelação

Os anos passaram tão depressa para nós que estávamos ali. Eu odiando Tiago e ele me odiando. Às vezes, eu respirava fundo e pensava: "Se não fosse pelo Tiago eu poderia até me sentir feliz nesta colônia...".

Uma tarde, eu estava trabalhando no jardim quando o supervisor me chamou para acompanhá-lo até a sala 45. Fiquei trêmulo e pálido de medo: "Meu Deus, eu seria transferido? O que o Tiago tinha me aprontado desta vez?". No caminho tentava lembrar se deixei alguma coisa fora do lugar.

Ao entrar na sala, avistei um dos mestres do outro lado da mesa examinando alguns papéis. Assim que nos viu, ele sorriu e falou:

— Entrem, meus filhos, entrem. – Indicou uma cadeira e disse: – Sente-se.

Fiquei em silêncio, aguardando o que ele tinha a me dizer. Minhas mãos estavam suando pelo nervosismo.

— Bem, meu filho – começou ele –, faz mais de cem anos que você está colaborando conosco. Tem se saído muito bem em todas as atividades. Você é esforçado e compreensivo, então resolvemos lhe oferecer uma nova chance. Você deseja ingressar no curso preparatório de primeiros socorros para atuar na crosta terrena?

Respirei aliviado e cheio de alegria! Era o maior prêmio dos internos poder sair com os guardiões, mesmo que fosse para as zonas escuras, ajudando nos resgates. Era maravilhoso sair um pouco da rotina e da solidão.

— Será uma bênção para mim, mestre – respondi.

Fui indicado para o curso e informado que logo estaria saindo com os guardiões. Saí radiante da sala. Começaria o meu curso no dia seguinte e faria tudo para absorver todos os ensinamentos possíveis.

Ah! Era um sonho ficar longe de Tiago. Qualquer trabalho longe dele seria o céu para mim. Chegou o grande dia! Eu me preparava para sair da colônia pela primeira vez. Caso eu me adaptasse bem ao trabalho de resgate, ficaria a serviço dos guardiões por tempo indeterminado. Não conseguia conter minha felicidade...

Eu iria respirar longe do Tiago, longe daquele sujeito. Eu estaria no céu! Entramos no ônibus e seguimos viagem. Paramos pouco tempo depois. Peguei a maca junto com outro colega e fomos seguindo os mestres para ajudar no resgate de alguns irmãos recém-chegados do Umbral.

No local de resgate, dei de cara com Tiago, que estava na outra expedição, a que saíra antes de nós. Ao me ver, fitou-me com um olhar de ódio e desprezo.

Ficamos trabalhando sob a responsabilidade dos guardiões. Todos os dias nós saíamos para trabalhar no resgate. Devo confessar que comecei observar o Tiago e notei que ele tinha muita habilidade no resgate de rebeldes.

Graças a Deus, entre os guardiões ele não me atacava, apenas me olhava com rancor. Somente uma vez, quando esbarramos um no outro, ele me disse baixinho:

— Você não perde por esperar. Não vou esquecer, pode acreditar. No dia em que eu colocar as mãos em você, deixarei a minha marca.

O trabalho naquelas regiões é dia e noite sem parar. Os espíritos se revezam: enquanto uns estão atuando, outros descansam e se refazem.

Em uma dessas expedições, eu entrei em uma gruta para retirar um doente de lá, mas acabei me perdendo do grupo. Não encontrei o doente nem o caminho de volta.

Andei por muito tempo e não conseguia encontrar a saída. Avistei um vulto vindo em minha direção e gritei:

— Olá, amigo! – o eco da minha voz fazia um barulho ensurdecedor.

O outro, arquejando, respondeu:

— Graças a Deus, encontrei alguém. Você é do resgate?

— Não, amigo, estou perdido procurando a saída – nossas vozes eram ecos dobrados.

— Eu me perdi do grupo e não estou me sentindo bem, estou ficando sem ar e minha cabeça dói. Não estou enxergando nada, você pode me ajudar?

— Claro, amigo, vamos andando.

Tomei-lhe a mão e andamos para lá e para cá, mas não havia nenhum sinal de uma pequena claridade que nos indicasse a saída. A escuridão era total, não dava para ver nada, nem mesmo nosso rosto.

Sentamos abatidos pelo cansaço. O amigo arquejava e reclamava de sede. Sentado e rezando a Deus para que nos acudisse, toquei em um filete de água descendo pela parede da gruta, apanhei água com as duas mãos e coloquei na boca do meu companheiro.

Parece que aquela água nos revigorou, pois relaxamos e adormecemos. Acordei me lembrando de onde estava e preocupado com a nossa situação.

"E se os guardiões pensassem que nós fugimos? Meu Deus, isso não!" Aqueles que tentavam fugir perdiam todos os anos de crédito. Eu já tinha mais de cem anos de reclusão, por nada queria perder os meus créditos. Que Deus nos ajudasse, eu orava e pedia.

Meu amigo se mexeu e disse:

— Oh, Deus! O que será de mim? Pelas minhas contas só tenho mais cinquenta anos de pena, e se eles pensarem que eu fugi?

Logo recomeçamos a nossa caminhada, mas sem sucesso. Ouvimos um barulho ensurdecedor. A gruta tremia, e nós ficamos parados sem entender o que estava acontecendo. Voltou o silêncio, ouvíamos apenas o eco da nossa voz. Sentamo-nos, vencidos pelo cansaço. Descobri que em toda parte da gruta desciam filetes de água.

Bebi água e dei de beber para o meu companheiro de infortúnio. Ele arquejava e reclamava de dores, não estava enxergando nada, tinha perdido a visão.

Começamos a conversar sobre a nossa vida – afinal de contas, não tínhamos nos apresentado. Ele me contou que faltavam cinquenta anos para que se libertasse provisoriamente. Tinha cometido alguns delitos graves em sua última encarnação. Contou-me que ajudou a sua esposa a matar um filho, obrigando-a a abortar uma criança no sétimo mês de gravidez. Disse que tinha pavor a crianças, que só de pensar em ter um filho já lhe vinha à cabeça qualquer loucura, pois fora desprezado pelo pai quando ainda era um menino.

Disse-me que odiava o seu pai, que ele foi um covarde, pois abandonou ele e seus irmãos, deixando-os à própria sorte. Após desencarnar, perdeu o contato com a sua mãe, seus irmãos e sua esposa, guardando deles uma grande saudade. Mas o que queria mesmo era acertar as contas com o pai. Assim que saísse iria vasculhar onde fosse possível para obter notícias dele.

Não se importava com o que pudesse lhe acontecer depois, mas queria esmurrar a cara do pai até esvaziar a fúria de sua alma.

Ele já havia passado por muitas colônias e sempre com um pensamento: encontrar o pai!

— E você? – perguntou o amigo. – Fale alguma coisa sobre a sua vida! Quanto tempo ainda lhe falta?

Eu respondi:

— Ah! Meu amigo, eu ainda tenho muitos anos para pagar, e agora, diante desta situação, não sei como vou ficar quando for resgatado.

Ele rapidamente respondeu:

— Somos testemunhas um do outro! Estamos nesta situação levados pelas melhores intenções: resgatar irmãos doentes.

— Vou falar um pouco de mim – eu disse. – Em minha recente passagem pela Terra, cometi o maior dos crimes: me suicidei.

Depois que relatei toda a minha história, ficamos em silêncio. Sentíamos medo de acreditar que éramos quem estávamos imaginando. Nossas histórias de vida apontavam para muitas evidências.

Eu arrisquei e perguntei:

— Qual era o seu nome na história que me contou?

Ele me respondeu:

— Jonas.

Eu me calei. Ele então perguntou:

— E o seu nome na Terra? Qual foi o seu nome na história que acabei de ouvir?

— José Carlos, casado com Maria e pai de três filhos: Jonas era o mais velho – respondi.

Ficamos calados. As lágrimas desciam pelo meu rosto. Seria possível eu ter encontrado um dos meus filhos? Não! Era coincidência! Eu não tinha direito a encontrar nenhum parente meu...

Foi ele quem falou:

— Acho que encontrei você... Queria matá-lo, mas você já está morto. Não posso mais fazer isso – e chorava tal qual uma criança.

Tentei abraçá-lo, mas ele gritou:

— Não se aproxime de mim, seu hipócrita! Eu o odeio, você acabou com a nossa vida, você foi o culpado por tudo. Você sabia que uma de suas filhas tornou-se uma prostituta? E que um dos seus filhos foi o assassino do seu próprio filho?

Deixei que ele desabafasse toda a sua dor até calar-se. Então, eu lhe disse:

— Jonas, pelo amor de Deus, me dê uma chance, filho! Juntos podemos reconstruir a nossa vida, resgatar as nossas dívidas. Se Deus nos concedeu esta oportunidade, por que nós, meu filho, não podemos oferecer um ao outro a mesma oportunidade? Acredito que Deus preparou este encontro. Este é o lugar mais apropriado para nos aproximar. Perdoa-me, Jonas. Apesar de todo o mal que causei a você e aos seus irmãos, sempre os amei.

O sofrimento aproxima as almas de Deus. Jonas arquejava e eu colocava água em sua boca. Passamos uma boa temporada caminhando em busca da saída, sem encontrá-la. Andávamos em silêncio, mas ajudávamos um ao outro.

Um dia, meu filho me disse:

— Quero parar, não desejo e não aguento mais andar.

Sentamos e ficamos em silêncio, eu coloquei a cabeça do meu filho no colo, alisei seu rosto, lembrando-me da minha alegria quando ele nasceu. Sentados na escuridão da gruta, mas iluminados pela chama do amor, e contei-lhe muitas histórias. Ele me fazia perguntas e já me chamava de pai.

Estávamos tão acostumados e ligados um ao outro que não poderíamos mais nos separar. Então, eu lhe perguntei:

— Filho, em qual colônia você estava antes de vir para a zona de resgate?

Assustei-me quando ele respondeu que vivia na mesma colônia que eu. E ele acrescentou:

— Trouxeram-me para essa colônia quase forçado. Disseram-me que seria ótimo para mim. Até pensei que iria encontrar a minha mãe ou a minha esposa, mas não encontrei ninguém! Divido o quarto com um sujeito que não suporto desde que o vi. Até me arrependo de tantas coisas que já o fiz passar. Não sei explicar por que, pai, mas não suporto nem ouvir a voz dele. Ele não aprendeu ainda, ou não se lembra mais, como usar as energias mentais para executar determinadas tarefas. Já o fiz de bobo várias vezes e até o fiz levar uma advertência. Estou arrependido. Não sei por que não gosto dele, mas ele é inocente. Se eu voltar à colônia vou lhe pedir desculpas e tentar viver em paz com ele. Mas eu gostaria de passar a viver com o senhor, pai.

Apertei a mão do meu filho e respondi:

— Nós vamos permanecer juntos, fique tranquilo. Eu também já fiz muitas besteiras com o meu companheiro de quarto e ele era inocente.

— E o senhor está em qual colônia?

— Na mesma colônia que você, Jonas, dividimos o mesmo quarto. Se o socorro chegar até nós e regressarmos para a nossa colônia, seremos pai e filho.

Nós nos abraçamos chorando, e acabamos rindo um do outro.

— Quantas tolices cometemos, filho. Deus nos aproximou por caminhos tão estranhos. Nesta gruta escura fomos iluminados pela luz do amor.

A visão de Jonas foi voltando, ele foi melhorando, e nós prosseguimos a nossa caminhada. Um dia, ouvimos um barulho e uma luz penetrando por uma fresta da gruta.

Gritamos por socorro e ouvimos a seguinte resposta:

— Aguardem aí onde estão, não saiam do lugar. Logo o socorro virá até vocês.

Fomos socorridos pelos nossos guardiões, explicamos o que nos aconteceu e um deles nos respondeu:

— Não precisam se desculpar. Vocês conseguiram reconquistar um valor muito grande perdido no tempo: o amor e o respeito entre ambos.

— Venha, vamos retornar para casa, Tiago, ou Jonas! Eu tenho uma grande notícia para lhe dar. – Jonas ficou olhando para mim e para ele sem entender. E o guardião continuou falando: – Daqui mais alguns dias você receberá a sua liberdade provisória, pois já se passaram por volta de cinquenta anos enquanto vocês estavam na gruta.

— Meu Deus, seria possível? Estive todo esse tempo com meu filho?

— Sim, esteve. Valeu a pena, não é mesmo? – respondeu-me o guardião.

Chorando, agradeci ao guardião por mim e por meu filho. De volta à colônia, nós aproveitávamos todos os nossos momentos juntos. Jonas queria pedir para continuar comigo, eu acabei por convencê-lo a sair e refazer a sua vida. Estaríamos juntos dali para a frente, independentemente de nosso estado, encarnados ou em espírito.

Contrariado, ele acabou aceitando o meu pedido. Quando chegou o dia de partir, recomendei a ele que lutasse para reencontrar a sua esposa e reaver seu direito à paternidade.

Com a partida de Jonas, fiquei muito solitário. Eu me pegava chorando em qualquer lugar. Como permanecemos cegos mesmo no mundo dos espíritos! Fiquei cem anos ao lado do meu filho e não consegui exergá-lo.

Jonas regressaria para uma colônia onde tinha uma grande chance de reencarnar, podendo encontrar-se com algum dos nossos familiares.

Após a partida dele, não tive mais notícias. A solidão e o desespero me levavam ao passado e, por vezes, eu me pegava pensando em Plínio e em outros amigos com quem dividi a cela por tantos anos.

Onde estariam? Será que voltaram à Terra? Teriam reencontrado suas famílias? A nossa amizade seria eterna. Um dia eu gostaria de saber o paradeiro deles.

Estudei, trabalhei e o tempo passou. Chegou o meu dia... Eu estava ansioso, preocupado e, ao mesmo tempo, triste, pois naquela colônia fiz muitos amigos.

Em uma manhã, logo cedo, fui chamado ao escritório do nosso mentor chefe, que me entregou uma pasta dizendo-me:

— Aqui está todo o procedimento do seu processo. As recomendações são as melhores possíveis. Siga em frente, pois acredito que você esteja espiritualmente preparado para recomeçar uma nova vida cheia de paz e de alegria plena. Um carro o levará para onde você deve recomeçar a sua caminhada na crosta terrestre.

Despedi-me dos amigos e dos mestres e embarquei com a minha pasta embaixo do braço, cheio de esperança. Foi assim que cheguei à Terra.

Capítulo 6

A descoberta

Pedro, que me ouvia em silêncio, estava de pé na soleira da cabana com o olhar perdido na imensidão do infinito. Olhava para as estrelas que aumentavam em números visíveis.

Quando parei de falar, ele, então, disse:

— Bem, amigo, a sua história é longa, mas vejo que você ainda tem muitas estradas a percorrer. Teremos longos dias e longas noites para falarmos de nossas vidas. Neste momento, tenho algo de suma importância para lhe ensinar: volitar! E mais algumas coisas, por exemplo: manter a roupa, cabelos e barba limpos. A limpeza do corpo espiritual é tão importante quanto a limpeza de um corpo carnal. — E me perguntou: — O amigo só está preocupado em encontrar a sua família ou também deseja trabalhar? O trabalho, além de nos fornecer bônus necessários para a nossa sobrevivência, também preenche o vazio da nossa solidão e nos traz experiência, respeito e dignidade.

— Mas que trabalho eu posso fazer? Quem vai empregar um morto? – perguntei.

— Se você estivesse morto não estaria aqui. Não diga bobagens e procure não cair nas mesmas armadilhas do passado – respondeu-me.

— Desculpe-me, amigo. Acho que passei tanto tempo ausente da liberdade que agora não sei o que fazer com ela. Eu quero trabalhar, sim. Preciso fazer algo bom por mim mesmo – e estendi-lhe a pasta. – Veja, aqui há algumas informações a meu respeito, você pode ler!

Ele abriu a pasta, examinou a documentação e respondeu-me:

— Conheço essa colônia. É uma das mais conceituadas como reformatório dos espíritos endividados com a Lei Maior. Não será difícil para você ser aceito como voluntário. Veja bem, o trabalho não é nem um pouco fácil, e, como na colônia onde você viveu nos últimos anos, não se admitem faltas nem atrasos. A maior pontuação alcançada pelos trabalhadores está exatamente em não faltar, não atrasar, não descuidar de suas tarefas e cumprir com boa vontade o seu trabalho. Vou levá-lo hoje mesmo a uma das casas onde presto assistência como voluntário. Vou apresentá-lo aos responsáveis, que analisarão a sua capacidade e decidirão se você poderá entrar na organização dos trabalhadores da casa. Aceite qualquer trabalho e procure se lembrar das lições aprendidas na colônia onde viveu, pois sem humildade não há caridade, sem caridade não há caminhos, sem caminhos não há como andar.

Eu estava emocionado. Como Deus era bom comigo! Quando pensei estar só, eis que encontro um irmão e amigo disposto a me ajudar.

Também me lembrei do que aprendi com os mestres: não fazer tantas perguntas quando encontramos uma mão que nos levanta do chão.

Pedro deveria ser um espírito muito solitário, vivendo sozinho no topo daquela montanha, mas via-se que era bom caráter e muito digno.

Naquele mesmo dia, à tarde, recebi a grande lição de minha vida: aprendi a me limpar, plasmando energia de purificação retirada da natureza. Quando estamos nas colônias espirituais é facílimo para o espírito dominar essa técnica, mas na Terra é muito difícil. Se não recebermos uma ajuda de quem conhece os segredos da natureza, passamos a perambular pelas ruas, perdendo a noção do tempo.

Fomos até a beira-mar e Pedro, então, me orientou:

— Firme o seu pensamento em cada gota d'água do mar, analise e valorize o seu poder de limpeza, cura, força; respire fundo e prenda o ar recebido. Com o pensamento ligado a cada gota d'água, vá soltando o ar e formando à sua volta a grandeza desse oceano. Olhe para dentro de si mesmo, sinta-se um dos seus seres vivos e alegres, limpos e saudáveis. Sinta-se um deles.

Assim, fui acompanhando Pedro. Naquele momento eu senti que estava acompanhado por um mestre amigo e sábio.

Fui entrando em uma sintonia maravilhosa, a sensação era de leveza. Senti-me uma pena flutuando. Nesse transe, mergulhei nas águas do mar e me vi brilhante, com novos trajes. Quando abri os olhos, estava exatamente como gostaria de estar: cabelos aparados, barba feita, roupas limpas e bem cuidadas. A água do mar batia em mim e a sensação era maravilhosa – quanto mais tocava em meu corpo, mais eu me sentia forte.

Fiquei tão encantado quanto uma criança que acaba de receber o melhor brinquedo de sua vida. Eu sorria como nunca mais tinha sorrido. Chorava e cantava de alegria, a sensação era de pureza e liberdade.

Eu estava leve, mas tão leve, que olhei para o mestre Pedro e perguntei:

— Mestre, posso voar?

Ele, como sempre sério e sereno, respondeu:

— Pode volitar! Vá mais adiante sobre as ondas do mar, até onde se encontram aqueles pescadores. Ajude-os a soltar as suas redes e depois volte. Estarei esperando por você. Estou orgulhoso de sua bondade, pois acabou de aprender algo e já se propôs a pôr em prática.

Ainda inseguro, engoli em seco e perguntei:

— Não corro risco em ir até lá sozinho? E posso mergulhar sem saber nadar?

— Meu irmão, você já acompanhou o enterro de algum espírito? Eu desconheço os cemitérios onde são enterrados espíritos que morreram afogados! Nunca fiquei sabendo de atestado de óbito de nenhum deles! – respondeu-me Pedro, rindo. – Pode ir sem medo, você não corre risco de morrer! – disse ele batendo em minhas costas.

Fiquei pensando no que acabara de ouvir e ele, então, acrescentou:

— Precisamos arriscar um mergulho nas trevas e um voo no céu. Precisamos aprender a entrar em qualquer lugar, onde há trevas e onde há Luz, como o mestre nos ensinou. Precisamos aprender a sair da Luz sem nos ressentir, tal qual o mestre deixou o céu quando se arriscou na Terra como homem.

Essas palavras me encheram de coragem. Abri os braços e lentamente meu corpo foi se elevando. Firmei o pensamento adiante e naquilo que pretendia fazer. Logo estava no barco, ao lado de três pescadores que lutavam para puxar uma rede que estava presa.

Mergulhei e desci até o fundo do barco. Que espetáculo maravilhoso! Os peixinhos se movimentando de um lado para outro, brincando. Soltei a rede que estava presa no casco do próprio barco.

Vi alegria nos olhos dos pescadores. Um deles comentou:

— Sou devoto de São Pedro, o "pescador", pedi muito a ajuda dele e recebemos.

Respondi, sorrindo:

— Se ele é santo eu não sei, mas foi Pedro mesmo quem pediu para ajudá-los!

Os pescadores recolheram os peixes e se prepararam para voltar. Eu ainda estava de braços abertos, firmando o meu olhar à beira-mar, quando ouvi o outro pescador falar:

— Hoje é dia de cumprir a minha missão, por isso preciso chegar em casa a tempo, vamos nos apressar.

"Qual será a missão desse aí?", pensei.

Como em um sonho, passei por cima das ondas feito uma águia voando e cheguei até onde estava o meu mestre e ele me convidou para acompanhá-lo em um passeio.

Saímos andando pela calçada e, em dado momento, vi um menino de bicicleta saindo de uma rua e um carro vindo do outro lado. Antes que eu terminasse de pensar, Pedro jogou-se em frente do carro, empurrando o garoto para a calçada.

Fiquei pálido e tremendo da cabeça aos pés. Corri até o mestre, que ainda estava no chão. Ele estava ofegante, pois o choque havia sido violento, e pediu-me:

— Cuide do menino! Cuide do menino!

O garoto estava em pânico, todo ralado. Sangrava, mas não havia fraturas. A bicicleta ficou retorcida. O motorista do carro gritava:

— Seu moleque irresponsável! Veja o que você fez com o meu carro!

Ele entrou no carro e saiu em alta velocidade. Algumas pessoas se aproximaram do menino e, indignadas, comentavam a atitude do motorista. Alguém perguntou:

— Anotaram a placa do carro?

O menino chorava enquanto um rapaz o colocava no carro para levá-lo ao pronto-socorro. O mestre Pedro apenas acompanhava com o olhar.

Assim que levaram o menino, o mestre me convidou a segui-lo. Eu ainda estava chocado, e pensava comigo mesmo: "Como ele conseguiu ser tão rápido?".

Mestre Pedro, sem levantar a cabeça, falou:

— Precisamos estar sempre atentos, pois os imprevistos acontecem a todo instante, tanto para os encarnados como para os desencarnados. Mas nem sempre é possível chegar a tempo de livrar os inocentes desses irmãos inconscientes. Tenha sempre em mente, José: se estiver andando na terra, nas águas, no ar ou onde estiver, não permita a morte de uma flor, de uma formiga ou de um irmão encarnado se puder evitar esses acidentes. Morte física acidental ou natural, só com a permissão do Pai Maior, e não por irresponsabilidade ou descuido.

Segui o mestre em um voo fantástico de volta ao topo da montanha. Eu me sentia leve como uma pena. A sensação era indescritível – somente aqueles que desenvolviam essa técnica divina entenderiam.

Entramos na cabana. Mestre Pedro me orientou a descansar um pouco, pois a minha tarde tinha sido de muitas emoções. Advertiu-me de que logo mais ele iria me levar até o local onde prestava o seu trabalho como voluntário.

— Descanse um pouco. Eu preciso sair, mas voltarei em tempo de irmos até lá.

Fechei os olhos e logo adormeci. Não sei por quanto tempo fiquei naquele estado de descanso total, mas acordei com o mestre Pedro sentado em frente de duas xícaras a café e dois pães.

Após a nossa breve refeição, ele me alertou:

— Limpe-se e prepare-se, porque está na hora de sairmos.

Fechei os olhos e mentalizei o que havia aprendido. Senti-me leve e perfumado. Olhei para minha roupa e ela estava mais bonita, com cores mais fortes e brilhantes. Volitando, partimos. Eu seguia o mestre, via carros e pessoas andando pelas ruas. Algum tempo depois o mestre fez sinal para que eu fosse baixando devagar.

Chegamos em frente a uma casa simples, onde dois guardas no portão permitiam a entrada de alguns e barrava a de outros.

— Seja bem-vindo entre nós – disseram para mim.

Pedro, então, me apresentou aos guardas dizendo-lhes:

— Este irmão será apresentado ao mentor chefe e, caso ele seja aprovado para os trabalhos da casa, será um de nossos colaboradores.

Os guardas apertaram a minha mão e, sorridentes, disseram:

— Se Deus quiser, você será mais um irmão a fortalecer a corrente desta nossa casa.

Entramos em um salão simples, limpo e iluminado, onde algumas pessoas circulavam arrumando uma mesa e colocando flores, água etc. Outras pessoas estavam sentadas em cadeiras modestas na antessala.

Pedro me convidou a acompanhá-lo ao andar superior. A sala que ficava acima do salão era puramente espiritual, não sendo percebida pelos olhos humanos. Isso acontece em todas as casas espíritas.

Ao entrar naquela sala, percebi muitos seres iluminados. Suas vestes lembravam as dos mestres da colônia onde estive, mas não reconheci nenhum deles. Eram homens e mulheres em trajes luminosos. Ao verem mestre Pedro entrando, mostraram alegria.

Pedro me apresentou:

— Irmãos, este filho de Deus veio em busca de trabalho e de ajuda. Peço a todos vocês a colaboração no sentido de ajudá-lo. Vou levá-lo até o nosso mentor chefe e pedir por ele.

Todos me abraçaram fraternalmente, e um deles disse:

— Seja bem-vindo entre nós, irmão. Caso seja aprovado para as tarefas, teremos prazer em ajudá-lo no que for possível.

Chegamos a uma sala clara, e a porta estava aberta. Entre os iluminados, vi um índio ajoelhado e de mãos postas, que parecia orar em silêncio. À sua volta, havia muitos mentores luminosos, cujos trajes ofuscavam meus olhos, tamanho era o brilho. Falavam de amor, justiça, paz, caridade... eram palavras lindíssimas!

Eu estava impressionado! Como poderia haver uma sala invisível aos olhos dos encarnados? Ouvi atentamente as palavras dos mestres e, ao mesmo tempo, me perguntei: "Tantos mentores respeitáveis e aquele índio na frente deles! Não estaria atrapalhando os mentores? Será que os mentores recolheram o coitado para enviá-lo para alguma colônia de tratamento? Bem, seja o que for, eu também estou aqui esperando por uma chance. Deus que ajude esse pobre irmão infeliz a ter paz. Eu sei o que é o sofrimento quando entramos pelo caminho da ignorância".

Ao terminar a oração, os mestres voltaram-se para nós, inclusive o índio.

— Obrigado, Pedro, por ter trazido este trabalhador para nos auxiliar nas grandes obras do nosso Pai – disse o índio. – Ele fará parte da corrente desta nossa casa, ficando aos seus cuidados e trabalhando com os demais voluntários inscritos.

Todos os seres iluminados que circundavam o índio me abençoaram sem se afastar ou se mover do ponto onde se encontravam.

Pedro, virando-se para mim, disse:

— José, este é o nosso mentor chefe.

Fiquei sem fala, envergonhado pelos meus pensamentos, pois percebi que o índio era um ser iluminado, amado e respeitado por todos. E eu imaginando que ele fosse um espírito perdido!

Pedro agradeceu a todos e me levou até a sala onde, disse-me ele, seria desenvolvido o seu trabalho e dos demais voluntários.

Fiquei ao lado de um rapaz simpático chamado Manoel, ao qual mestre Pedro pediu que me instruísse sobre o que fazer.

Ele e mais outros mestres entraram em uma neblina prateada, através da qual nada se enxergava. E uma luz foi aparecendo; de repente, vi nitidamente que eles estavam unidos aos seus médiuns, e então eu me lembrei de quando volitei pela primeira vez com Pedro. Maravilhado, percebi e entendi que é essa a sensação dos médiuns que se unem aos mestres, a sensação de volitar amparado pelo mestre é divina.

Ouvi os conselhos de meu mestre aos encarnados. Pedro falava com tanta segurança e tanta energia que comovia a todos os presentes. Ninguém falava, todos prestavam atenção em suas palavras. Alguns encarnados fizeram perguntas, às quais ele respondia com bondade e sabedoria.

Eu estava perplexo, sabia que ele era sábio, mas nunca pude imaginar que ele desenvolvesse um trabalho tão nobre. Vi como todos o respeitavam. E depois daquilo que pensei do índio... que era o chefe!

Começaram a chegar irmãos sangrando, feridos, enlouquecidos. Alguns sorriam, outros choravam, uns pediam socorro, outros proferiam palavrões. Os voluntários entraram em ação: médicos, enfermeiras e tantos outros irmãos especialistas em várias áreas corriam de um lado para o outro socorrendo os doentes.

Fui impulsionado pelo desejo de ajudar, de fazer algo pelos irmãos sofredores. Fiquei tão envolvido em socorrer os doentes que nem me dei conta do horário. Quando terminamos de acomodar os últimos doentes, percebi que não havia mais nenhum encarnado dentro do salão.

Todos os mestres estavam trabalhando, inclusive os de trajes iluminados. O índio, o chefe daquela expedição, transmitia forças para todos nós e dava energia aos recolhidos. Manoel me falou que ele puxava energias da natureza, principalmente das matas, purificava o ar e ministrava os remédios. Disse também que ele era um dos grandes cientistas do Astral Maior.

Entendi naquela noite a força da natureza representada e represada naquele índio. Ele fazia tudo aquilo por amor a cada filho de Deus. Fiquei pensando e observando o humilde índio. Ele colhia as energias da natureza e oferecia aos demais voluntários, que trabalhavam ligados às necessidades dos encarnados na Terra.

Observei os mestres que, após terminarem os seus trabalhos atendendo e cuidando dos desencarnados, continuavam confortando e amparando todos os doentes. Foi uma bênção de Deus ter encontrado o mestre Pedro.

Vi nos olhos firmes e bondosos daquele mestre um caminho para voltar para casa, uma esperança de felicidade. O caminho era o trabalho, a consciência, a humildade e a confiança em Nosso Senhor Jesus Cristo.

Capítulo 7

A grande missão

Olhei para o alto e vi que no céu já apareciam os primeiros raios de sol, anunciando o amanhecer. Os mestres se abraçavam e se despediam, agradecendo por mais um dia de trabalho em comunhão com Cristo.

O índio veio em minha direção. Só não desmaiei porque o meu corpo era espiritual, mas gelei, tremi da cabeça aos pés: "É agora que ele vai me dar uma lição de moral pelos pensamentos errados que tive a seu respeito".

Chegando perto de mim, ele me abraçou e disse:

— Obrigado, filho, por sua contribuição. Nós estamos felizes em tê-lo conosco! Seja bem-vindo entre nós, somos todos filhos de Deus, e se estamos juntos é por Sua vontade.

Eu confesso que aquele dia marcou tanto a minha vida que hoje, só de lembrar, meus olhos se enchem de lágrimas.

Na volta, eu volitava ao lado daquele que, agora eu tinha total certeza, era um mestre iluminado. Seguíamos lado a lado em silêncio, mas felizes por ter colaborado com as obras de caridade daquela casa.

A beleza do alvorecer me encantava, mexia com as minhas emoções. Eu não perdia um detalhe. Os pássaros deixavam os seus ninhos em busca de alimentos e comungavam a alegria do novo dia com um canto maravilhoso. Lembrei-me do amanhecer na colônia: fazíamos a nossa oração, cantávamos hino de louvor a Deus. E agora eu estava na Terra, começando o meu dia com os pássaros.

Chegando à cabana, o mestre me recomendou um descanso, dizendo que perdi muitas energias naquele primeiro dia de trabalho, e que com o passar do tempo eu iria adquirir e conservar campos de resistência e fluidos positivos, que me ajudariam a permanecer mais tempo em ação com os irmãos sofredores sem perder a resistência espiritual.

Ele saiu, deixando-me deitado sobre a cama macia, e eu logo estava sonhando. Volitava em sonho, era maravilhoso. Passava por muitos lugares bonitos, floridos, iluminados, mas, de repente, entrei em um lugar seco, triste e cheio de sofredores. Cheguei a um local onde dois jovens conversavam. Um deles disse para o outro:

— Estou em uma encrenca danada! A Lúcia está grávida, já falei para ela tirar a criança. E ela, com essa besteira de ser espírita, diz que não vai tirar!

— E o que você pretende fazer, Mário? – perguntou o outro.

— Sei lá, João! Eu não quero esse filho de forma alguma! Justo agora que tudo está dando certo na minha vida! Estou com uma proposta de trabalho que é a minha grande chance. Estive pensando em convidá-la para sair da cidade e, longe dos parentes, obrigá-la a fazer o aborto. Você poderia me ajudar nisso?

— Eu? Ficou louco? Como poderia ajudar?

— É simples, você faz medicina! É fácil arrumar remédios, aparelhos adequados e fazer o que precisa ser feito. Se estourar esse escândalo na minha vida será o fim da minha carreira, pois tenho chance de assinar um contrato milionário por cinco anos! Vou pagar bem, você poderá já ir montando o seu consultório, e assim que terminar a faculdade já terá o seu caminho pronto. Além disso, você é meu melhor amigo!

Aproximei-me dos dois jovens e gritei:

— Não façam isso, pelo amor de Deus! É um crime que atrasará vocês em sua caminhada. Não façam essa tolice. Posso contar a vocês o que foi a minha vida por ter praticado um crime.

Mas os dois não me ouviram nem me viram. Enquanto eles discutiam os detalhes, eu implorava em prantos a Deus que não permitisse aquele crime.

Em pensamento, orava e pedia ao mestre Pedro para que me ajudasse a resolver aquela situação. Naquela aflição, senti alguém tocando meu ombro – era o mestre Pedro.

— Mestre, ouça-me! Eles querem matar uma criança! Por favor, ajude-os. Eu tentei falar com eles, mas não me viram nem me ouviram.

Mestre Pedro calmamente se aproximou do jovem que estudava medicina, com uma mão direita erguida para o alto e a outra na direção do coração do rapaz. O mestre parecia estar flutuando, seus pés estavam acima do chão. Ele fechou os olhos e orou baixinho.

O rapaz que já havia concordado em ajudar o outro se levantou e, em um gesto impetuoso, disse:

— Mário, esqueça tudo o que combinamos! Jamais faria isso! Eu estudo para salvar vidas e não para tirá-las! Quero ser um médico, e não um assassino! Eu o considero meu irmão. E em consideração à nossa amizade eu tenho outra ideia que poderá ajudá-lo.

— O quê? – perguntou o outro aflito.

— Assumo a paternidade do seu filho, desde que você assegure o futuro dele e da mãe. Eu acho justo que você os ampare em termos materiais.

— Falaremos com Lúcia, já que ela também é minha amiga e entenderá a sua posição. Vou ajudar vocês dois, pois gosto da Lúcia tanto quanto gosto de você. O romance de vocês vem sendo mantido em segredo, por isso será fácil convencer os pais dela de que sou o pai da criança; eles não conhecem você mesmo!

— Não sei não, João, não sei não... mas, em todo caso, vamos tentar. Eu lhe darei uma boa quantia em dinheiro, você poderá fazer o que bem desejar. O que não posso é me prejudicar neste momento tão valioso da minha vida.

Fiquei aliviado – mas como o mestre conseguiu penetrar na mente daquele rapaz?

Os dois jovens se afastaram conversando, eu me prostrei diante do mestre em agradecimento. Vi um olhar de aprovação ao meu pedido de socorro.

Abri os olhos estava deitado na cama, suava e estava trêmulo. Procurei por Pedro, mas ele não estava na cabana. Levantei-me, tomei um copo d'água e saí para respirar um pouco de ar.

O sol já se erguia no céu. "Será que dormi tanto assim? Onde estaria o mestre?" Ficaria esperando por ele.

Conforme aprendi, me limpei e renovei as minhas roupas com a força da mente. De repente, senti vontade de experimentar usar a força da mente para arrumar a cabana, trocar as roupas de cama e ajeitar tudo.

Fiquei encantado com o resultado. Coloquei até flores dentro dela! Fiz café e pães quentinhos. Não me aguentava de tanta felicidade.

Pedro entrou e bateu palmas, dizendo:

— Meus parabéns! Vejo que você está se saindo melhor do que eu esperava! Veja só esta cabana, que luxo! E esse café? Pelo jeito, está melhor do que o meu.

Entreguei uma xícara para ele e me servi de outra, olhando para o mestre para ver se ele realmente aprovaria.

Ele, engolindo o café lentamente, disse:

— Confesso que nunca me esforcei para fazer um bom café! Você, sim, fez um café de primeira categoria!

Levantou-se e disse:

— Vamos trabalhar?

Eu, já de pé, perguntei:

— Aonde vamos hoje?

— Vamos ajudar em um hospital, o que me diz?

— Desde que esteja aprendendo com o senhor e outros mestres, não me importa o lugar!

Pedro parou na porta e disse:

— Limpe tudo antes de sairmos.

Orgulhoso, mentalizei o que deveria ser feito. Tudo ficou limpo e em seu devido lugar.

Descemos volitando montanha abaixo. Encontramos muitas crianças, brincando com as borboletas que sobrevoavam as poças de água limpa. As mulheres lavavam roupas e falavam de sua vida em família. Eu conhecia bem a simplicidade daquelas mulheres.

Lembrei-me de Maria. Nossa vida no campo era algo que deixei para trás, e eu não tinha mais esperança de revê-la. Eu estava na Terra, e com certeza ela estava no céu.

No hospital encontramos novos amigos, todos alegres e bem dispostos. Fomos ajudar nas enfermarias, nas salas de cirurgia, nas salas de espera, nos necrotérios. O trabalho de um hospital se assemelha ao trabalho em qualquer colônia de socorro.

Já era tarde da noite quando chegou outra equipe para assumir a atividade. Mestre Pedro e eu nos despedimos dos amigos e partimos para a nossa cabana.

Eu estava feliz por ter ajudado tantas pessoas, mas senti uma fadiga muito grande, estava cansado. Já na cabana, o mestre me convidou para sentar em uma pedra que havia ali perto. Fiz como ele me recomendou: fechei os olhos e pensei em Deus.

Senti uma chuva perfumada caindo sobre mim. Fui me sentindo tão leve, tão bem, que poderia recomeçar qualquer tarefa de trabalho naquele instante.

— Pode abrir os olhos – Pedro disse.

Eu estava em uma cascata de águas azuis que caíam delicadamente sobre pedras brancas cristalinas.

O índio, que era o mentor chefe daquela missão, estava sentado no alto da cascata, despejando fluidos perfumados que se misturavam com as águas.

Com um sinal, ele me convidou a entrar na piscina de águas cristalinas. Acompanhei mestre Pedro. Tive a impressão de que a água penetrava em meu corpo espiritual, pois dava uma sensação de leveza, alegria, paz e vigor. Enquanto eu boiava, vi um arco-íris que irradiava suas cores nas águas claras da piscina. Comecei a rir, pois eu não sabia nadar, mas estava flutuando sobre as águas!

Quem entrava naquela piscina queria ficar lá para sempre. Eu estava de olhos fechados, flutuando como uma folha, quando ouvi a voz de mestre Pedro me convidando a deixar a piscina.

— Vamos voltar ao nosso ponto de trabalho? – perguntou.

Cheio de vigor e energia, respondi:

— Sim, eu estou pronto, mestre Pedro!

Fomos trabalhar em um sanatório, onde havia muitas pessoas doentes e contaminadas por doenças espirituais.

Vários irmãos sofredores estavam ligados ao mental daquelas criaturas que lhes sugavam as energias. Alguns haviam perdido o controle de suas próprias emoções, já não reagiam a nada, nem à alegria nem ao sofrimento. Seus corpos e as suas mentes estavam infectados pelos espíritos chamados de vampiros espirituais, que sugam toda vitalidade e energia dos encarnados. Entristecido, notei que 80% dos internados nos sanatórios e considerados loucos eram portadores de doenças espirituais, transmitidas por espíritos do baixo-astral.

O trabalho foi árduo, mas compensador, e assim fui me envolvendo com os novos trabalhos e com as novas técnicas de recuperação das forças perdidas. Passei a dormir menos, comer menos e viver mais.

Nas minhas horas de descanso espiritual, corria à beira-mar e ficava observando toda imensidão daquela magnífica obra do Pai. Retirava energia das forças das águas e as acumulava em meu ser, conforme aprendi com o mestre Pedro.

Ficava olhando para os pescadores com carinho e admiração. Tinha muita afinidade com um deles, que no mar era amoroso e consciente, pois devolvia às águas os peixes e outros seres pequenos.

Esse pescador também era voluntário em uma das casas onde eu prestava serviço como voluntário. Era um médium. Eu gostava de ver mestre Pedro incorporar nele. A mesma admiração e o mesmo respeito que eu tinha pelo mestre ele também tinha.

O mestre, mesmo a distância, estava sempre observando aquele pescador. Às vezes eu sentia até um pouco de ciúme, um ciúme sincero e sem maldade, do carinho que o mestre tinha pelo pescador, que ele chamava de "meu filho".

O tempo passou. Já fazia mais de dez anos que eu estava ali aprendendo e ensinando. Não toquei mais no assunto de meus familiares com nenhum dos mestres. Eu estava no meio de tantos mestres, amigos e companheiros de trabalho que não seria justo falar de solidão ou de falta de uma família. Somente nas horas de folga ia para a beira do mar pensar. "Onde estaria Jonas?" E eu não conseguia segurar as lágrimas, chorava mesmo. "Onde estaria Maria? Meus outros filhos, meus pais, meus amigos de cela... Onde, onde estariam?"

O amor não se apaga jamais do coração de quem ama. Eu amava aqueles que deixei para trás. Do meu passado, a única coisa boa que eu guardava e da qual jamais iria me desfazer eram as lembranças. Eu as guardava como um tesouro escondido dentro de mim. Por nada eu iria perdê-las.

Lembrava-me da colônia onde me recuperei de muitas chagas espirituais, dos meus amigos, e me questionava: "Será que, na minha ansiedade de encontrar a minha família, o que fiz foi me afastar ainda mais dela?".

Eu estava na Terra, havia encontrado bons amigos e estava desenvolvendo uma tarefa missionária, mas por quanto tempo? O que poderia me acontecer na Terra? E se nunca mais pudesse voltar ao plano espiritual? Eu não queria ser para todo o sempre morador da Terra sem um corpo físico, sem casa, sem família, sem nome.

Capítulo 8

Boas notícias

Fomos à casa espírita. Era um dia de trabalho normal, como todos os outros. Lá havia centenas de doentes e sofredores.

Eu já estava tão acostumado com todas as pessoas encarnadas frequentadoras da casa que sentia falta quando alguém se ausentava. Principalmente porque os mestres que se ajustavam com aquelas pessoas trabalhavam sem o seu maior instrumento: os médiuns.

O nosso mentor chefe, vez ou outra, incorporava em um médium. Isso não era comum, pois as suas tarefas não permitiam que ele se ausentasse por muito tempo do seu ponto de energia, já que todas as energias usadas e aplicadas nos doentes eram fornecidas por ele. Além de nos equilibrar com fluidos da natureza, ele sustentava as forças dos dirigentes daquela casa e de todos os participantes voluntários.

Naquele dia, do qual jamais me esquecerei, nosso guia chefe alertou todos os trabalhadores para que ficassem atentos às suas tarefas, pois ele iria incorporar no médium dirigente da casa. Disse que aquele dia era muito especial, tanto para os encarnados quanto para os desencarnados. Nós prestávamos a máxima atenção em tudo o que ele dizia, pois a sua sabedoria era infinita.

Uma fonte de energia unia encarnados e desencarnados. Após distribuir bênçãos a todos os filhos, ele anunciou que antes de se retirar faria um grande comunicado espiritual.

Chamou mestre Pedro para junto de si, que levou com ele o pescador. Eu fiquei emocionado ao ouvir as suas palavras de conforto e de esperança aos irmãos presentes.

Alguém tocou meu braço, pois o chefe me chamava. Fui até ele.

Receoso, pensei: "Será que ele não está satisfeito com o meu trabalho? Estará aborrecido comigo por ficar à beira-mar observando o pescador?".

Ao me aproximar dele, ajoelhei-me pedindo sua bênção. Ele, então, disse:

— Filho, há muito tempo você resignou-se a cumprir as suas tarefas com Deus, e isto vem lhe trazendo muitos créditos aos olhos de Pai. Por seu esforço e desempenho nestes últimos anos, recebi uma autorização que lhe concede receber parte de seus bônus espirituais alcançados, as dádivas que fez por merecer.

Engoli em seco e respondi:

— Pai, eu tenho tudo de que preciso. Sou um ser abençoado e feliz, não preciso de mais nada a não ser continuar trabalhando.

Parados, à minha frente, estavam o mestre Pedro e o pescador. Eu não conseguia entender o que estava acontecendo.

Pegando a mão do pescador, ele olhou para mim e perguntou:

— Você veio à Terra a fim de encontrar alguém de sua família, meu filho?

— Ah, Pai, eu já me resignei a não pensar mais nisso. Se Deus um dia permitir que nos encontremos será por mérito Dele, somente Dele.

— Deus é um Pai justo, filho, muito justo. Nunca esquece nenhum dos seus filhos – respondeu ele, ainda sustentando a mão do pescador.

Pegou a minha mão, colocou-a sobre a do pescador e disse:

— Olhe para este filho. Não te recordas ninguém?

E foi como se uma cortina caísse da frente de meus olhos e eu pude ver claramente o que havia do outro lado: era meu filho, Jonas! Meu Deus, meu Deus! Jonas, meu filho! Jonas, meu filho!

Abracei Jonas. Foi uma alegria tão grande que não conseguiria descrever. Meu filho estava ali, diante de mim, encarnado! E trabalhávamos juntos na mesma casa e pela mesma causa!

Percebi que Jonas não me via, mas estava emocionado, pois chorava. O índio, então, disse-lhe, olhando para mim:

— Filho, nem sempre é necessário ver com os olhos carnais para crer em Deus, mas é muito importante sentir no coração essa força chamada Deus.

E, voltando-se para Jonas, completou:

— Você, meu filho, mesmo estando encarnado e na cegueira da carne, não precisa ver para crer, porque o teu espírito está aberto para Deus. Este dia foi muito importante, e um dia você saberá por que, Jonas.

Eu chorava, amparado por mestre Pedro e outros mestres que me cercaram de atenções. Não sabia o que dizer ao nosso mentor.

Ele me olhou e continuou:

— Ainda não é tudo! Veja!

Ao olhar para o mestre Pedro, vi que era o meu líder e amigo de cela, Plínio. Nos abraçamos, as palavras não saíam da minha garganta. Meu Deus! Era Plínio! Olhando-me nos olhos, ele disse:

— Eu sempre soube quem você era, desde o primeiro dia, pois eu já lhe esperava. Lembra-se de que, ao nos despedirmos na cela, eu pedi a você para cuidar bem dos outros? Naquele dia, José, nós nos aproximamos muito mais um do outro. Naquela cela fomos curados de muitos males espirituais. Juntos descobrimos o amor, a esperança e a vontade de viver. Estamos nesta estrada tentando melhorar a nossa própria existência e encontrar aqueles que nos faltam. Vamos prosseguir juntos nesta sagrada luta?

— Plínio, meu mestre e amigo! Quando eu imaginei que já tinha encontrado a minha felicidade deparo com todas essas bênçãos! Será que de fato mereço tudo isso?

— Se não merecesse não receberia – respondeu ele.

O nosso mentor chefe falou:

— Vocês devem continuar trabalhando juntos. O seu filho talvez seja a grande chave que abrirá todas as portas para onde se encontram aqueles que você procura.

Eu abracei meu filho. Ele estava totalmente recuperado. Era uma alma simples, um pescador que corria de braços abertos para servir a Deus.

Após terminar a sessão daquela noite, continuamos fazendo a limpeza espiritual e cuidando de transportar os doentes. Como sempre, o dia já estava claro quando terminávamos de transportar o último doente. Eu estava transbordando de alegria, e perguntei ao mestre Pedro:

— O senhor sabe onde mora o meu filho?

Ele, sorrindo, respondeu:

— Nosso filho, pois ele também é meu filho! Tem razão quando sente ciúme do amor dele para comigo. Nós nos respeitamos e nos amamos como pai e filho.

— Perdoe-me, mestre, pela minha ignorância. Nunca poderia imaginar tanta bondade de Deus para mim. O senhor, meu amigo e mestre, protegendo o meu filho na Terra, e cuidando também de mim. Perdoe-me, mestre.

— Quer ir até a casa dele? Conhecer sua nora e seus netos?

— Sim, mestre, conhecer meus netos é tudo o que quero nesta vida. Quem diria? Eu sou avô!

Andamos um pouco. Sua humilde casinha não ficava longe dali. Devagar passamos pela porta de entrada, fomos até a cozinha, vimos que alguém estava lá. Era Jonas fazendo o café com muito amor.

Ele colocou um pouco de café em um copo, fez uma oração de agradecimento a Deus e dirigiu-se até o quarto, dando um alegre bom-dia para a sua esposa, entregando-lhe o café com muito carinho.

Ela era uma criatura doce e linda, muito simples e bondosa. Abraçou e beijou o marido, agradecendo a ele pelo café. Com os olhos cheios de lágrimas, me lembrei de Maria.

Ele dirigiu-se até o quarto onde dormiam as crianças. Beijou cada uma delas e saiu devagar para não fazer barulho. Emocionado, eu observava meus netos. Eram lindos, muito lindos, lembravam os meus filhos.

Antes de sair, ele se despediu da esposa. Beijou-a dizendo que precisava puxar a rede antes das seis horas, pois a lua estava muito boa para a pescaria. Ela lhe desejou boa sorte, recomendando-o a Deus.

Assim que ele fechou a porta da sala, ela pegou o terço e começou a rezar. Oramos junto com ela; uma luz brilhava a sua volta.

A casa simples e limpa lembrava a minha casa com Maria quando nasceu Jonas e depois os outros filhos. Fiquei olhando para aquela moça devota de Nossa Senhora, e lembrei-me da igrejinha onde me casei com Maria.

Abençoei minha nora e meus netos. Eu quis seguir meu filho, mas mestre Pedro me pegou pelo braço, dizendo:

— A revelação feita por nosso mentor não foi no sentido de retardar sua vida nem a dele. Deixe-o seguir, cada um de vocês deve cumprir sua missão.

Retornamos à nossa cabana e aos nossos afazeres. Depois de tantas revelações, o que eu precisava mesmo era colocar as minhas emoções em ordem. Parecia um sonho, e que eu ainda estava dormindo, com medo de acordar. Mestre Pedro, tocando meu braço, disse:

— José, fique descansando. Procure repor as suas energias, porque daqui para a frente, meu amigo, vamos trabalhar em dobro!

Um nó apertava a minha garganta, as palavras não saíam. Por fim, respirei fundo e falei:

— Mestre Pedro, que mil vidas eu venha a ter, mas jamais me esquecerei de todo o bem que o senhor me faz. Bendita a hora em que fui para aquela cela! Antes de conhecê-lo eu não acreditava em anjos, mas hoje já não posso dizer a mesma coisa, pois eles existem! O senhor é um deles na vida de muitos seres que buscam o caminho da retidão.

— José! Você não aprendeu que blasfemar é pecado? Onde já se viu você pensar que eu sou um anjo? Repare bem em mim! Tenho alguma coisa angelical? – falou ele.

— Tem, sim, senhor! A sua bondade, a sua humildade, o seu coração, a sua amizade, o seu amor por todas as criaturas de Deus me fazem acreditar que estou diante de um anjo – respondi com lágrimas nos olhos.

Abraçando-me, ele disse:

— Você está emocionado demais, o que é compreensível, por tudo o que passou hoje. Vá descansar. Teremos muito tempo para falar a respeito de suas novas emoções.

Capítulo 9

A família

Ao lado do mestre Pedro e dos outros irmãos, fui me equilibrando espiritualmente, melhorando a minha visão espiritual.

Tempos depois de ter encontrado meu filho, descobri Maria, meus outros filhos e alguns membros da família – alguns encarnados, outros em colônias espirituais de recuperação.

Maria era a esposa de Jonas, que veio para resgatar nossos filhos; na verdade, aqueles que eram os meus netos eram os nossos filhos.

Gilda e os meus outros filhos estavam aguardando uma nova chance, eles seriam meus bisnetos. Eu não só reencontrei aqueles que amava como ganhei outra família, outros amigos.

Fui perdoado por Deus e recebi uma nova chance de crescer e prosperar: trabalhando. Foi assim que criei coragem e pedi ao mestre Pedro, dizendo-lhe que gostaria de trabalhar um pouco mais.

Batendo de leve em minhas costas, ele me respondeu:

— Eu já esperava por isso. Tenho quase certeza de que você será aceito no grupo de trabalho nas zonas do Umbral, onde desenvolvo uma tarefa missionária. Caso seja aceito, pedirei ao nosso mestre para que fique na minha equipe.

— Ficar com o senhor? Será que vou ganhar esse prêmio?

— Não sei, depende mais de você do que de Deus. Todos os prêmios que vem recebendo são conquistas suas – respondeu ele.

Chegou o grande dia. Eu iria conhecer o mentor responsável por esse novo trabalho que pretendia acrescentar à minha vida. Também estaria voltando para um plano espiritual, pois o Umbral não deixa de ser um deles.

Ao entrar na sala do mentor chefe, fiquei sem fala pelo susto que tomei. Ele era o coordenador de equipe que, em uma época passada da minha vida, me ajudou muito.

Recordei-me de que naquela época eu estava muito apaixonado por Maria. Ele me convidou para trabalhar em sua equipe, mas eu não quis porque não queria ficar longe dela. Mesmo depois de ele ter prometido que eu poderia vê-la um dia por semana, eu não aceitei. Depois de tantos anos estava novamente à sua frente pedindo para ocupar aquela vaga que um dia deixei para trás.

— Mestre, este é um amigo que vem se ajustando dia a dia conosco. Trabalha com dignidade e muita presteza. Se o senhor achar que ele pode preencher uma das vagas que estão abertas, eu pediria para que ele continuasse comigo.

O mentor, sempre elegante, bem-vestido, de aparência requintada, levantou-se, estendeu-me a mão e disse:

— Seja bem-vindo. Aquela vaga ainda é sua. Ao lado de Pedro você vai se dar muito bem! Ele é um colaborador excepcional, e talvez tenha sido essa aproximação entre vocês que contribuiu para que você se tornasse esse boníssimo ser!

Eu ainda estava surpreso, mal consegui responder:

— Obrigado, senhor, pelas suas palavras.

— Pedro, o que me diz do nosso amigo tornar-se seu assistente?

— Ficarei honrado em dividir uma missão tão nobre com um amigo tão honrado! – respondeu mestre Pedro.

— Então, desde já vamos acertar todos os detalhes para que ele assuma com você um cargo de confiança. Hoje mesmo pretendo negociar com o responsável por ele a sua transferência provisória para a nossa colônia. Assim que eu retornar desse encontro, Pedro, me procure para acertarmos os detalhes finais – estendeu a mão para nós cordialmente.

Fora da sala do chefe, eu perguntei ao mestre Pedro:

— Não é você o responsável por mim?

— Não – respondeu Pedro –, eu apenas sou um dos seus instrutores. O responsável por sua estada entre nós é aquele índio por quem você teve pena, lembra?

— E como lembro! Peço perdão a Deus todos os dias pela minha ignorância – respondi.

Nos envolvemos em nossas tarefas de rotina e, após um dia intenso de trabalho no hospital, voltamos para pedir a resposta do chefe.

Ele nos recebeu de maneira muito cordial, como sempre. Convidando-nos a sentar, pegou uma folha de papel, estendeu-a para mim e disse:

— Leia e peça ajuda ao seu amigo Pedro. Caso esteja de acordo, assine, por favor.

Fiquei espantado, pois ali constava toda a trajetória de minha vida: o que fiz e o que deixei de fazer. As passagens pelos presídios espirituais, as minhas últimas conquistas etc.

Passei para Pedro ler, e ele respondeu:

— Acredito que esteja tudo em perfeita ordem. Se ainda estiver disposto ao cargo, teremos muito trabalho pela frente.

Assinei o meu novo propósito de vida espiritual. Por tempo indeterminado iria trabalhar ao lado de Pedro, servindo aos meus irmãos encarnados e desencarnados até quando Deus assim o permitisse, embora o meu processo reencarnatório permanecesse em aberto.

Deixamos a nossa cabana no alto da montanha para morar em uma colônia preparada exclusivamente para os espíritos que fazem o intercâmbio entre a crosta terrestre e o Umbral. Uma colônia que fica bem próxima da Terra, um recanto de paz, de beleza e de sabedoria. Ali existe o que chamamos de amor ao próximo e respeito mútuo entre companheiros de trabalho.

Na parte norte da colônia, ficam os homens e, ao sul, as mulheres. Alguns companheiros têm parentes entre as mulheres da colônia, então eles visitam-se constantemente.

Sentado no jardim observando os casais de mãos dadas passeando, eu ficava imaginando se um dia voltaria a ter Maria.

Ficava muito feliz quando Maria e meus filhos iam àquela casa de caridade. Ter meus filhos e Maria ao meu lado era tudo o que eu queria de Deus, pois a minha alma não estava completa sem ela.

Mergulhei nas zonas escuras. Foi lá que descobri que eu também estava luminoso. Não tanto quanto mestre Pedro, mas no escuro eu era guiado pela minha própria luz. Quanto mais eu ajudava a resgatar irmãos sofredores e perdidos, mais alegria eu sentia dentro de mim. Percebi que isso aumentava a minha luz na escuridão. E eu continuava dando assistência na casa espírita na Terra, pois esse compromisso era sagrado para nós.

Todas as vezes em que era chamado pelo chefe, sentia um calafrio e pensava: "É hoje que vai acabar a minha alegria". Mas respirava aliviado quando era informado ser apenas uma nova incumbência de trabalho.

Trabalhando nas zonas de primeiros-socorros, via todos os dias histórias iguais às minhas se repetindo, com pessoas que não tiveram forças para levar adiante a sua missão. Todos os irmãos que eu ajudava a levar para as celas me arrancavam lágrimas, faziam-me refletir sobre tudo o que passei e como foi válido, para mim, ter ficado um tempo por ali.

Procurava transmitir esperança e força para eles, animava cada um a ter humildade, paciência e cautela. Eu repetia muito para meus irmãos desventurados o seguinte: "Nós devemos vigiar sempre nossos pensamentos, valorizar a chama da vida, crer no Mestre Jesus e ter muita fé em Deus".

Quando trancava a cela e saía, ia pelos corredores pensando: "Um homem sem fé é capaz de fazer coisas idênticas às que eu fiz! Mesmo sendo instruído, estudado, sem problemas de saúde nem financeiros, sem Deus no coração está sujeito a cometer a mesma asneira que cometi: crime.

"O homem que carrega Deus no coração enfrenta todos os obstáculos de sua vida com resignação, luta e vence qualquer fator negativo que o afaste da Luz. Eu precisei apanhar, bater, cair e me levantar. Precisei de amigos, de mestres, de escolas e, especialmente, de Deus para me tornar um ser consciente dos meus deveres. Não sei quanto tempo ficarei nesta grande escola de Luz, mas com certeza esta é uma fase maravilhosa em minha vida, pois cresço e aprendo todos os dias.

"Uma coisa é certa: vou lutar e pedir a Deus para, quando retornar à Terra como encarnado, estar mais preparado para resistir às ilusões e às tentações mundanas. Se o Pai Maior continuar confiando em mim, certamente estarei lutando dia e noite pela minha vida e ajudando outros a seguirem os caminhos do mestre". E voltava às minhas funções, fortalecido por esses sentimentos.

Capítulo 10

O sorriso de um anjo

Neste vaivém da vida, trabalhando nos centros espíritas, comecei a ser chamado de irmão José, pai José, amigo José etc.

Um dia, em uma casa onde prestávamos caridade, vejo entrar uma senhora acompanhada de uma menina linda, de olhos azuis e cabelos dourados. Reconheci a moça – era Lúcia! Sim, mestre Pedro havia interferido no destino da criança que ela carregava no ventre. Ela estava sentada do lado de fora. Pedi a uma irmã que a chamasse, pois eu queria falar com ela. Assustada, ela veio até mim.

Após abençoá-la, brinquei com ela para deixá-la tranquila e à vontade para ouvir o que eu tinha a dizer:

— Você tem um anjo em sua vida que não merece esses pensamentos negativos, minha filha.

Ela, assustada, respondeu:

— Não entendi o que o senhor quis dizer com "pensamentos negativos".

— Você sabe, sim, minha filha. Falo do que você está tramando contra o pai de sua filha. Na época em que ele lhe propôs passar a paternidade de sua filha para o amigo, você aceitou por conveniência, portanto, você errou tanto quanto ele. O pai biológico de sua filha é rico e famoso, mas muito infeliz. Sua filha respeita e ama o pai que você apresentou a ela em vida, esse é o pai de que ela precisa. Sua situação financeira não está boa, mas com calma você vai superar todos os obstáculos que lhe causam preocupações. Você tem a sua casa, uma pensão que dá para vocês se manterem, não é mesmo?

Ela ficou pálida de susto e me perguntou:

— Como o senhor sabe tudo isso da minha vida? O João já esteve aqui falando com o senhor?

— Não, filha, o João não esteve aqui falando comigo. Bem que eu gostaria, mas sei que ele é um médico ocupado com o seu hospital e a sua família. Não faça isso que está em seu pensamento, não será bom para você, muito menos para a sua filha, que não merece passar por isso. Deixe as coisas como estão. Procure mais por Deus em sua vida. Você é jovem e ainda poderá refazer a sua vida encontrando um bom homem que a fará feliz.

Lúcia desabou a chorar. Ela tinha ido até lá em busca de um conselho, apesar de estar sendo assediada por irmãos que desejavam vingar-se de Mário, o pai biológico de sua filha. Ela era uma moça de bons princípios, havia sido guiada por Deus, que era sua fonte de Luz, e ainda recebeu a nossa ajuda.

Alguns dos irmãos que se serviam dela também receberam ajuda e orientação ali mesmo. No início eles não quiseram fazer acordo, mas, por fim, cederam aos conselhos dos mestres.

Lúcia trouxe a sua filha até mim, uma mocinha meiga e linda. Abracei aquela criatura e senti uma saudade forte em meu peito – como poderia acontecer isso? Enquanto alisava o seu cabelo loiro, vi que aquele anjo era a pessoa de que Pedro falava todos os dias enquanto estávamos no presídio. Mas, desde que o encontrei à beira-mar, nunca mais havia ouvido o mestre reclamar a falta dos seus entes queridos do passado. Talvez estivesse conformado em viver longe deles.

Será que ele, sendo um mestre, não saberia da existência da menina ali entre nós? Interferiu no seu nascimento, mas não saberia que ela era quem ele procurava?

Elas foram embora e eu terminei as minhas tarefas com os encarnados. Depois que eles foram embora, nós, espíritos, continuamos dando os primeiros-socorros, transportando os doentes, instruindo aqueles que buscavam a verdade.

Alguns encarnados, por falta de conhecimento e instrução espiritual, acreditam que os trabalhadores afastam-se e vão embora antes deles, o que não é verdade.

O dia já clareava quando partimos para a colônia. Chegando lá encontrei Pedro, como sempre, envolvido com seu trabalho.

Fiquei ensaiando uma maneira de perguntar a ele se sabia da presença de Raquel. O espírito, mesmo sem capacidade ou autoridade espiritual, registra e capta facilmente os retratos falados por outros espíritos. É assim que encontramos facilmente as pessoas indicadas por eles.

Eu estava tão tenso e nervoso que o mestre, percebendo, perguntou-me:

— Está acontecendo alguma coisa com você, José? Está distraído com o seu trabalho. Veja só o que você fez! Espalhou todo o plasma recolhido para os exames. Por sorte, já estão identificados!

Para que se compreenda essa história de material, explico: quando estamos trabalhando nos centros espíritas, muitas vezes colhemos materiais humanos e os transportamos para os laboratórios espirituais, onde são feitas análises profundas antes de iniciarmos um tratamento adequado. Por isso, é necessário que todas as pessoas que buscam a cura de suas moléstias compreendam essa questão. Não é indo uma vez em um centro espírita que se fica curado! Dependendo da doença, leva-se mais ou menos tempo.

Pedi desculpas ao mestre, prometendo ter mais cuidado com os materiais colhidos, pois de fato essa é uma responsabilidade enorme que assumimos perante nossos superiores. A vida das pessoas é uma joia preciosa de que não podemos descuidar.

Quando terminamos o trabalho fui até o jardim. Estava lá matutando como iria perguntar sobre Raquel, quando ele apareceu e me fez um convite:

— Faz tempo que não vamos à beira-mar nem à nossa cabana no alto da montanha. Vamos lá fazer uma visita?

— Com todo prazer, mestre!

Saímos volitando. A brisa fresca do fim da tarde batia em meu rosto, dando-me uma sensação de plena liberdade.

Em determinado momento mestre Pedro tocou meu braço me convidando a descer. Com a velocidade de um relâmpago, ele chegou a um local em que haviam vários policiais armados com metralhadoras, acompanhados de cães de guarda, e também um círculo de curiosos, entre encarnados e desencarnados. Mestre Pedro, pedindo licença, passou pela barreira policial. Eu o seguia aflito. Estava apavorado, pois sempre tive receio de policiais. O que o mestre estava fazendo ali? O trabalho era da polícia!

Entramos em uma sala. Havia dois rapazes com os olhos vermelhos e tremendo da cabeça aos pés. E apontavam suas armas para o ouvido de uma jovem senhora e de uma menininha de uns cinco anos e gritaram:

— Se tentarem alguma coisa nós atiramos nelas! Queremos negociar com Fulano de Tal. Se ele atender às nossas exigências, tudo bem; caso contrário, as duas serão mortas!

A menina chorava, tossia, engasgava-se e estirava os braços em direção da mãe. Aquele que segurava a moça gritou:

— Encosta essa peste aqui na mãe! Eu odeio choro de criança!

Virou para a moça e gritou:

— Faz sua filha calar a boca ou me livro dela já, já! Detesto esse choro, irrita!

A mãe, então, pediu:

— Por favor, moço, posso pegá-la no colo?

— Vai, pega logo! E faz calar a boca – respondeu o rapaz.

A mãe, beijando o rosto da menina, falava baixinho no ouvido dela:

— Mamãe está aqui, filha! Fique calma, logo, logo nós vamos sair daqui, está tudo bem!

A menina acalmou-se ao abraçar a mãe.

O outro rapaz, vendo-se livre da menina, perguntou ao parceiro:

— Posso ir ao banheiro? Estou nervoso, cara, deu dor de barriga.

— Vai e volta logo, seu idiota! Não posso ficar aqui sozinho, e eu também estou querendo fumar! Volta para você revezar comigo!

Eu olhei para mestre Pedro e falei:

— Eu pego aquele que foi para o banheiro, o senhor pega esse aí na janela!

Mestre Pedro, olhando para mim, respondeu balançando negativamente a cabeça:

— José, nós somos espíritos! O que você está vendo nas mãos deles é físico. Como você vai transformar esse revólver em algo espiritual e invisível? Acalme-se, José! Você está mais nervoso do que eles! O que você aprendeu na escola espiritual? Vamos matar e nos livrar de todos os encarnados que nos causam aborrecimentos? Estamos aqui para ajudar todas essas pessoas! O que somos, José? Juízes? Vamos rezar e pedir ao nosso Pai por esses irmãos que estão precisando de ajuda.

— Perdão, mestre Pedro. Graças a Deus, o senhor tem Luz e sabedoria! Se eu fosse seguir os meus instintos, hoje mesmo estaria de volta àquela cela, pois eu já estava pensando em matá-los! – respondi.

Suando (espírito também sua), pensei confuso: "Belo passeio esse nosso! Saímos para ir à cabana e ao mar, mas agora estamos no meio dessa confusão, com bandidos, policiais, vítimas e curiosos!".

Olhei em direção à janela e do lado de fora estavam alguns marginais espirituais rindo e gritando:

— Não desanimem, companheiros! Vocês vão conseguir! Nós estamos aqui para lhes dar apoio!

— Tome cuidado com esse luminoso metido; o outro a gente distrai facilmente, não passa de um bobão!

Aquele comentário me deixou vermelho de raiva! Mestre Pedro, com um olhar reprovador, me pediu para baixar os olhos e orar. Ele estendeu as mãos em direção aos três que estavam do lado de fora da na janela e logo vi alguns soldados espirituais algemando-os. Saíram jurando vingança e gritando palavrões.

A menina adormeceu no ombro da mãe. A moça, em silêncio, orava. Ela recebia as vibrações de Pedro e irradiava Luz, cobrindo o marginal que apontava a arma para sua cabeça. Ele estava nervoso. Secou o rosto na manga da camisa, jogou o cigarro fora e gritou para o comparsa:

— Traz uma cadeira e um copo d'água para esta mulher!

Ela sentou-se com a garotinha adormecida em seu ombro, tomou o copo d'água e agradeceu ao rapaz.

Ele estava ofegante, cansado – bebeu água também. Sem tirar o revólver da cabeça da moça e os olhos da rua, começou a falar:

— Moça, eu não quero fazer mal nenhum à sua filha, pois também sou pai! Só estou querendo esse dinheiro para acertar minha dívida com um traficante. Ele apoderou-se de minha filha e me deu um prazo que termina hoje. Se não entregar o dinheiro, minha filha será morta. Ele mata mesmo, já fez isso muitas vezes! Entende por que eu preciso manter você aqui como garantia? Não tenho saída, moça!

— Sim, eu entendo – respondeu ela calmamente. – Pela minha filha também sou capaz de tudo. Fique calmo. Eu conheço o meu marido, ele não vai lhe fazer mal algum. Vou pedir a Deus pela sua filhinha. Nós somos espíritas e, se o Pai nos preparou este caminho, é porque podemos ajudar vocês.

Mestre Pedro irradiava Luz sobre eles. Vi os olhos do bandido se encherem de lágrimas, pois ele se lembrou de, quando menino, ter ido com a sua avó em um centro espírita.

O empresário marido da moça, desceu do carro. Os jornalistas o cercaram, fazendo mil perguntas. Apesar de estar tenso, ele parecia seguro. Disse ao delegado que acompanhava as negociações que ele se entregaria no lugar das duas, pedindo que eles as libertassem.

O rapaz que apontava a arma, instruído por mestre Pedro, respondeu sem pensar:

— Eu liberto a menina, mas o senhor vem no lugar dela! A moça fica.

O pai aceitou a proposta. A avó da garota recebeu-a dormindo, e logo o marido estava ao lado da esposa.

— Você está bem, querida? – perguntou ele compadecido.

— Estou, sim, fique calmo – disse apertando a mão dele.

Instruída pelo mestre Pedro, de cabeça baixa, ela disse calmamente:

— Por favor, moço, ouça o que eu tenho a lhe propor: eu e meu marido podemos ajudar a libertar a sua filha e a libertá-lo também.

— Ah, é? E como é que a senhora vai me libertar e salvar a minha filha? – perguntou ele demonstrando medo e cansaço.

— Nós pagamos a sua dívida, e podemos fazer isso agora! Nós fazemos a transferência do dinheiro para a conta que o seu cobrador indicar. Assim ele pode retirar o dinheiro imediatamente e devolver sua filha para alguém da família. Quando ela estiver em segurança, vocês se entregam e acaba o pesadelo de vocês. Eu lhe prometo que, enquanto você estiver preso, ajudarei a sua filha. Nada vai faltar para ela – respondeu a moça. – Use o telefone e negocie com o seu cobrador. Ele recebe o dinheiro e devolve a sua filha, mas que tudo seja rápido! Alerte a ele que vocês estão cercados pela polícia e que se for pego não vai poder pagá-lo, mesmo correndo o risco de perder a sua filha.

O outro rapaz, que suava e estava pálido, gritou:

— Carlos! Você não vai cair nessa armadilha, vai? Belo negócio está propondo essa dona! Eu não quero passar a minha vida toda em uma cadeia só porque sou seu cunhado e resolvi ajudar!

Mestre Pedro irradiava Luz sobre eles. O rapaz falou com aspereza:

— Fica de olho na rua e nele! Eu vou tentar fazer o que a dona falou! Com a minha filha libertada, eu decido o que fazer.

Ele ligou para o traficante, que respondeu:

— Transfere todo o dinheiro. Se cair certinho eu vou mandar entregar tua filha em casa.

Não demorou mais do que meia hora e o traficante informou que havia devolvido a menina. Carlos ligou para casa pediu para falar com a filha. Seus olhos encheram-se de lágrimas. Voltou-se para a moça e disse:

— Eu vou libertar a senhora para ir cuidar de sua filha! Infelizmente, seu marido fica.

Com a instrução de mestre Pedro, ela respondeu calmamente:

— Se você deseja ajudar a sua filha, é preciso que se entregue. Esta é uma grande oportunidade que Deus está lhe oferecendo. Se você fugir, será sempre procurado, jamais viverá em paz. Não vai poder acompanhar o crescimento de sua filha. Você me disse que faria qualquer coisa por ela.

Ele transpirava, fumava e mexia os lábios. Olhou para a moça e a imagem de sua filha tomou conta de sua mente.

O outro rapaz gritou:

— Carlos, não seja louco! Se formos pegos estamos perdidos! Vamos exigir um carro e dinheiro. Saímos daqui acompanhados dos reféns e caímos fora! Os tiras nunca vão nos encontrar.

Pedro irradiava uma luz azulada sobre eles. A moça estava calma; apertou a mão do esposo, tranquilizando-o.

O rapaz, lembrando do rostinho da filha, pensou: "Se me entregar vou ter chance de vê-la, mas se fugir talvez nunca mais possa vê-la". Virando-se para o outro, falou de maneira ríspida:

— Entrega a sua arma!

— O quê? Ficou louco? Não vou entregar nada!

Pedro, com as duas mãos em direção ao coração dele, disse:

— Entrega a sua arma, filho...

— Está bem, estamos perdidos mesmo...

Entregou a arma para o outro, sentou-se no chão, cruzou as mãos sobre os joelhos, encostou a cabeça nas mãos e ficou em silêncio.

O rapaz que comandava o assalto foi até a janela e gritou:

— Nós vamos nos entregar! Saíremos juntos com os reféns. Exigimos que os jornalistas e o promotor aqui presentes nos deem garantia de vida.

Receberam a confirmação das autoridades de que não seriam violentados. Iriam para o presídio, seriam colocados à mercê da justiça, mas não sofreriam danos físicos.

Antes de sair, ele deu para a moça o endereço e o telefone de sua mãe, que era quem cuidava da filha, pois a mãe da menina a havia abandonado assim que ela nasceu. Puxou uma foto do bolso e deu para a moça. Ela prometeu que independentemente de apontá-lo como sequestrador diante do tribunal e do processo judicial, manteria sua promessa e nada faltaria para a menina.

Carlos jogou as armas pela janela e o casal foi libertado. Eles saíram de mãos dadas e, atrás deles, os dois rapazes com as mãos para cima.

Os policiais correram ao encontro do casal, enquanto os bandidos eram algemados. Carlos, olhando para a moça, disse-lhe:

— Perdoa-me, pelo amor de Deus. Eu jamais mataria sua filha ou a senhora. Nunca matei ninguém em toda a minha vida! Sou um escravo dos traficantes!

Os policiais os empurraram para dentro da viatura. A moça ainda viu os olhos de Carlos cheios de lágrimas.

Enquanto o carro da polícia saía com os prisioneiros, vi muitos soldados espirituais que fazem a ronda terrestre aprisionando vários marginais do baixo-astral que foram até ali com a intenção de provocar desgraça.

Mestre Pedro cumprimentou os soldados um a um e, virando para mim, disse:

— Vamos continuar o nosso passeio?

— Ah, sim, o nosso passeio! Até me esqueci. Nessas alturas, a minha vontade mesmo era voltar para a colônia de olhos fechados para não ver mais nada.

Volitando com uma tranquilidade invejável, mestre Pedro comentou:

— José, tanto o encarnado quanto o desencarnado estão sujeitos a muitos contratempos. Nós não temos controle daquilo que pode ou não acontecer com nossos irmãos encarnados nem conosco! Se tivéssemos esse controle, a Terra seria um paraíso para viver e todos os espíritos iriam querer reencarnar! Pois iríamos barrar todos os acontecimentos ruins, só permitindo os bons. Não seríamos espíritos em evolução, e sim espíritos perfeitos e evoluídos.

— Isso é verdade – respondi. – Nunca tinha parado para pensar nisso, mestre. Eu, por exemplo, tremo feito vara verde quando sou chamado diante dos nossos mentores, receoso do que vai acontecer... Nós ainda vamos fazer o passeio? – perguntei.

— Claro, foi essa a nossa programação, mas, como você bem viu, os espíritos não podem prever seu destino, muito menos o dos outros! Você poderia me dizer o que lhe espera amanhã, José?

— Mestre Pedro, o senhor tocou em um assunto sobre o qual eu ainda tenho dúvidas. Durante todo esse tempo de trabalho em muitas casas espíritas, fiquei sabendo que alguns irmãos procuram determinadas pessoas que jogam cartas, búzios etc., instruídos por algumas entidades espirituais. O que o senhor me diz sobre isso?

— Esses médiuns que jogam cartas, búzios e tantas outras coisas que existem por aí precisam estudar o Evangelho pregado por Jesus Cristo. Os guias espirituais, entidades, mentores, ou o nome que queiram dar, não conhecem nem seu próprio futuro, porque este pertence a Deus, como poderão saber do futuro dos outros? Esses jogos da sorte são sempre instruídos por espíritos do baixo-astral, que se unem ao médium no sentido de vangloriar-se. Eles se apresentam com nomes conhecidos por muita gente, vasculham a vida do consulente em questão de minutos, pois o baixo-astral possui equipamentos notáveis. Provocam coisas absurdas, tais como fazer os encarnados ligados a eles desenvolverem armas, bombas etc. na Terra. Com as informações que têm, transmitem à mente do médium o que descobriram, revelam segredos que só os consulentes conhecem, sabem por que eles estão sofrendo, então fica fácil inventar um futuro e enganar as vítimas, dando-lhes orientações absurdas. Como esses espertalhões revelam coisas que realmente estão registradas no livro da vida das vítimas, além de fatos que estão ocorrendo no momento, os tolos acreditam cegamente nas promessas do futuro, e é dessa maneira que eles arrastam muitos a cometerem desatinos motivados e instruídos por algum poderoso ser das trevas. Por isso nossos irmãos médiuns e consulentes precisam estudar e refletir sobre o que irá ajudá-los mais: se é a presença de um mentor espiritual que instrui, guia, orienta e cura, ou se são conchas, cartas e outros tantos objetos bizarros. Pois é, meu caro José, tantas coisas erradas são praticadas em nome de Deus!

Mas tenhamos paciência, pois aos poucos nossos irmãos vão se instruindo e compreenderão que Deus se manifesta nos corações puros, e não nos enfeites das fantasias criadas pela mente humana, atraindo sofredores e espalhando sofrimentos.

E, assim, conversando, chegamos ao alto da montanha. A cabana estava limpa e arrumada. O mestre fechou os olhos e plasmou duas xícaras de café, oferecendo-me uma:

— O meu café não é tão bom quanto o seu, mas fiz com carinho. – Engoliu o café em pequenos goles e continuou: – Esta cabana me serviu de abrigo por muitos anos. Ainda me refugio aqui quando preciso esquecer as saudades que ainda carrego dentro de mim. Aqui eu me confesso com Deus. Sei que perdi qualquer direito sobre a criatura que é a minha própria razão de existir, mas o amor não acaba com o tempo. Hoje, eu chego a acreditar que ela talvez seja eu mesmo, por isso não posso tê-la jamais ao meu lado. Talvez eu é que tenha deixado de existir.

— Está falando de Raquel? – perguntei de cabeça baixa.

— De quem mais poderia falar? – respondeu ele. – Sinto amor por todos os filhos de Deus, mas por ela eu ainda não descobri se é amor, loucura ou até mesmo uma doença espiritual. O fato é que eu vivo e me alimento de suas lembranças. – passou olhos por toda a cabana e continuou: – Esteve aqui um amigo de longas jornadas. Ele encontrou quem esperava, e partiram juntos. Esta cabana é conhecida pelos espíritos como o ponto de encontro dos grandes amigos e dos grandes amores.

Levantando-se como se quisesse afastar as lembranças, convidou-me:

— Vamos até a beira do mar? Preciso sentir o aroma de suas águas.

Eu concordei e fiz o sinal da cruz. (Tenho esse hábito: antes de entrar ou sair de qualquer lugar, faço o sinal da cruz em nome de Jesus, agradecendo.)

Mestre Pedro, em tom de brincadeira, falou:

— Está agradecendo a Deus ou está com medo de que eu possa levar você a outro conflito na Terra?

Eu respondi, rindo:

— Rezando para chegar inteiro à beira do mar, rezando para voltar inteiro para a colônia e rezando para um dia ser igual ao senhor!

Saímos volitando, como se fôssemos dois pássaros lado a lado, e chegamos à beira-mar. Sentamos na nossa pedra preferida. Ficamos em silêncio. Eu observei o barco que trazia os pescadores. Meu filho voltava ao lar.

A minha vontade era ir até o seu barco abraçá-lo, tocá-lo, mas eu sabia que não deveria atrapalhar a sua missão.

O mestre, como se lesse o meu pensamento, disse:

— Pelo menos, meu amigo, você pode vê-lo e tocá-lo, e isso é um privilégio que nem todos alcançam.

Enchendo-me de coragem, perguntei:

— Mestre, eu estava lembrando que um dia, por falta de conhecimento e experiência, quase deixei um anjo ser sacrificado, não fosse o senhor a me acudir. A filha daquele cantor famoso, lembra?

Pedro ficou parado me olhando.

— Estou tentando lembrar, pois são tantos cantores famosos que tentam livrar-se dos filhos indesejados! Onde foi isso?

— Lembra-se daquele dia em que eu volitei em sonho e deparei com dois jovens, um que seria médico e outro que era cantor. Eles combinavam um aborto, lembra?

Fazendo uma rápida consulta mental, ele respondeu:

— Sim, eu me lembro desse caso. Mas por que a pergunta agora?

— Eu reencontrei Lúcia, mestre. Ela foi até a casa onde trabalhamos. Chegou acompanhada por irmãos doentes e vingativos!

— Vocês trataram dela e dos doentes, certo?

— Fizemos o que foi possível para ajudá-los. No final do nosso encontro ela me apresentou a filha e, de repente, vi na menina um retrato que trago em minha mente.

— Conforme já aprendeu, ora ao Pai e pede para que ele esclareça essa dúvida. Se é alguém de sua família que você precisa resgatar, Deus não vai desampará-lo. Continue orando, José.

Fiquei olhando para ele e perdi a coragem de falar o que tinha ensaiado. Levantei-me e apenas o segui de volta à colônia.

Capítulo 11

O prêmio

Ao chegarmos na colônia havia um recado para mim: o chefe precisava me ver imediatamente! O medo acelerou o meu coração. Senti um frio na espinha, senti medo de ser enviado à Terra! Mais dia, menos dia eu precisaria enfrentar isso, mas o medo me dominava. "Seja o que Deus quiser, tenho que ir". Lembrei-me do que me disse mestre Pedro: "Nós não temos conhecimento do futuro".

Pedindo licença, entrei na sala e me apresentei ao chefe. Empalideci ao deparar com o chefe índio ao lado dele. Fiquei parado diante deles, esperando para ouvir a minha sentença. Olhando firme para mim, o mentor estendeu-me um envelope e disse:

— Abra o envelope, por favor! – pediu-me o chefe índio.

Com o coração pulsando forte, abri o envelope e lá estava escrito: *Pelo honroso trabalho que vem desenvolvendo nestes últimos tempos, fica suspenso, até segunda ordem, o processo de reencarnação.*

Que emoção, alegria e contentamento! Comecei a chorar e rir ao mesmo tempo. O chefe, que é um grande guia de Luz e de bondade, veio me abraçar e acrescentou:

— É justa a confiança que está recebendo de Deus, filho. Você tem se esforçado muito, e o seu trabalho tem sido de grande valia.

O mentor chefe, então, acrescentou:

— Chamei você para dar-lhe as boas novas e ao mesmo tempo avisá-lo de que estou incluindo você em um curso de preparação espiritual. Esse curso é um pouco mais avançado do que os anteriores.

O desejo de ajudar um amigo bateu forte dentro de mim. Pedi licença e perguntei ao chefe se seria possível aquela menina ser a criatura que o mestre Pedro procura.

— Mestre, se eu não for incomodá-lo com as minhas dúvidas, gostaria de pedir-lhe uma ajuda – eu disse.

— Peça, meu filho! Estou aqui para ajudá-lo.

Relatei toda a história que conhecia a respeito do mestre Pedro. Quando terminei de falar, vi que o mestre estava sério, ouvindo-me atentamente.

Inspirei profundamente. Sério, o mestre disse:

— Deus, meu amado filho, une as suas almas pelos caminhos menos esperados. Pedro é como uma estrela no céu, a iluminar o caminho dos passantes. Ele está tão compenetrado em seu trabalho que ainda não percebeu o seu próprio brilho. Aceitou servir a Deus de uma forma tão clara que não percebe a sua própria natureza. A sua humildade e o seu desapego em obter benefício pessoal fazem dele um ser puro que não se envaidece por nada. Você, meu filho, está ligado a ele pela vontade do Pai. Assim como ele o guiou para este caminho de Luz, guie essa Luz ao coração dele. Mostre a recompensa que o Pai oferece a filhos como ele.

Fiquei conversando um bom tempo com o nosso guia chefe. Estar com ele era um presente de Deus. Suas palavras e o seu amor por todos não tinha limite. Saí de lá pensando: "E ainda tem gente que pensa que os índios são ignorantes!".

Ao sair da presença do guia chefe, fui correndo procurar meu amigo e instrutor. Fui informado de que ele havia se ausentado a trabalho, então eu precisaria esperar pela sua volta.

Naquela noite fui trabalhar na casa onde tínhamos um compromisso assumido. Lúcia estava lá, mas não tinha levado a menina. Veio falar comigo e agradecer pela nossa última conversa.

(Vou aproveitar para esclarecer algo muito importante sobre incorporação e vibração mediúnica. Naquela época, eu ficava ao lado de um médium que transmitia as vibrações mediúnicas passadas por outro mentor que direcionava o meu trabalho, ou seja, eu era um estagiário trabalhando sob os cuidados dele. O mundo espiritual é muito sério; não podemos cometer erros em um trabalho espiritual de uma casa espírita.)

Lúcia me falou que a menina andava muito estranha. Às vezes acordava no meio da noite chorando e chamando por ela, dizendo que estava com medo e que via um monstro perto dela.

Fiquei preocupado – estariam os inimigos de Mário vingando-se da menina? Não, não podia ser, ela nada tinha a ver com a confusão! Eu iria pedir permissão ao chefe e ajuda do mestre Pedro, quem sabe iríamos até a casa dela verificar o que estava acontecendo.

Tranquilizei Lúcia dizendo-lhe que tudo faria para ajudar a sua filha. Quando terminamos o nosso trabalho, já apontavam os primeiros raios de sol, anunciando um novo dia na Terra. Encontrei mestre Pedro no jardim, sentado em um dos bancos. Ao me ver, levantou-se e perguntou:

— Como foi o trabalho hoje? Correu tudo bem?

— Sim, graças a Deus, tudo correu bem. Exceto por um problema, para o qual vou precisar de sua ajuda. Como o senhor me ensinou, encontrei um contratempo para resolver.

— Qual é o problema?

Eu relatei a ele o pedido feito por Lúcia.

— Iremos lá verificar o que está acontecendo. Afinal de contas, temos um dever com essa pequena, não é verdade?

Pensei em relatar naquele momento a verdade que descobri que era real. Mas algo me prendeu a voz. Lembrei-me de que estive algumas vezes ajudando aquele pescador sem saber que era o meu filho. Na hora certa e no momento certo ele saberá toda a verdade. Relatei a visita do nosso guia chefe e o envelope que recebi com a minha liberdade provisória para continuar trabalhando. Pedro me abraçou com alegria sincera de um verdadeiro amigo, acrescentando:

— Você merece essa grande chance, tem trabalhado muito para isso.

Após acertar alguns detalhes, saímos para pedir licença ao chefe para acompanhar aquele trabalho solicitado por Lúcia.

Pedro expôs o problema. O chefe olhou para mim e respondeu:

— Tudo bem, você sabe o que fazer nesses casos. Faça o melhor; leve o nosso amigo para ajudá-lo no que for preciso.

Combinamos que às dez horas da noite deveríamos estar de plantão para observar quem e por que estava atormentando a garota.

Fomos ao local e ficamos no jardim da casa. Percebemos que não havia entrado nenhum sofredor ou espírito delinquente na casa de Lúcia. Quando eles entram em qualquer local, deixam rastros e odores, mas tudo parecia tranquilo.

Já passava das duas horas da manhã quando vimos alguns homens bêbados, uns arrastando os outros, aproximando-se do jardim. Reconheci Mário entre eles. Chamei a atenção do mestre Pedro. Apontando para eles, perguntei:

— Mário morreu, mestre? Ele está no meio dos espíritos!

— Ele não é um espírito encarnado, José? Enquanto o corpo carnal de Mário dorme, o espírito sai do corpo para resolver suas pendências espirituais – respondeu mestre Pedro.

Todos os encarnados, quando estão sintonizados com seus mentores, saem acompanhados por eles. Vão para escolas e hospitais, visitam seus familiares, participam de festas espirituais e comemoram datas e acontecimentos importantes com seus entes queridos. E, em muitos casos, são levados a visitar familiares e amigos na Terra.

Já o espírito endividado e sofredor se afina com seus parceiros desencarnados. Eles saem para colocar em ação os seus planos de vingança, vão se embriagar pelos bares, vão a festas onde se envolvem com irmãos ligados a bebidas, drogas e o prazer carnal.

Eles entraram na casa e nós os seguimos, sem que percebessem a nossa presença. Chegando à porta do quarto da menina, Mário, completamente fora de si, disse para os comparsas:

— Vocês se espalhem por aí. Eu vou dormir ao lado da minha filha.

Os outros foram caindo pelo chão e respondendo:

— Tudo bem, chefe. Durma bem e até amanhã.

Entramos no quarto, a garota dormia como um anjo. Ele se aproximou dela, passava a mão suja e fétida sobre a fronte da garota enquanto falava:

— Você é a minha única salvação. Eu não queria lhe fazer mal, mas não tenho outra saída. Ofertei tudo para ele, porque dinheiro não me falta, mas ele não quer dinheiro! Você entende, não é? Vou ter que entregar você a ele como uma segurança, pois você é a única coisa que ele quer. Diz que é para se vingar de um inimigo dele, mas que não vai fazer mal algum para você, e assim que tiver o tal inimigo nas mãos ele te solta.

Fiquei gelado, pois os espíritos também têm suas crises emocionais. Então, ele planejava matar a garota! E, naturalmente, quem desejava a menina sabia quem ela era.

Pedro, sério sem falar nada, ouvia o que o pobre infeliz falava. A menina começou a se sacudir na cama. Logo começou a chorar e gritar, chamando pela mãe.

Lúcia veio correndo. Tropeçou na porta do quarto, caiu e machucou o tornozelo. Mesmo assim, abraçou a filha chorando de dor.

Mário olhava com raiva para Lúcia e dizia:

— Se não fosse essa metida, eu ia conseguir terminar logo esse trabalho. Lá se vai mais um dia perdido!

Fui até Lúcia para fazer uma massagem no seu pé, o que aliviou a dor. A menina acordou e contou para a mãe, chorando:

— Eu vi, mamãe, era um monstro horrível. Ele colocava a mão na minha testa e falava coisas.

— Isso foi um pesadelo, meu amor! Fique tranquila, eu estou aqui do seu lado.

A menina então pediu:

— Dorme comigo, por favor, estou com medo.

Fiquei na frente das duas e elevei o meu pensamento a Deus, pedindo ajuda a todos os pontos de energia que eu já conhecia. Senti algo morno descendo sobre mim; era como se eu estivesse flutuando.

Com espanto, vi raios de Luz de todas as cores saindo das minhas mãos circulando o corpo das duas. Nesse instante, olhei para Pedro, pois era dele que saía toda aquela Luz – uma Luz azul que, ao passar por mim, se transformava em todas as cores. Eu firmei o meu pensamento no mestre e enviei de volta uma carga de energia colorida, dizendo-lhe:

— Mestre, diante do senhor está a Luz que irradia do seu coração. O senhor ilumina a estrada de tantos irmãos, mas nunca para para olhar a sua própria Luz.

Vi lágrimas rolando suavemente pelo rosto do mestre. Ele foi até a menina e ajoelhou-se na frente dela. Ela abriu um sorriso e falou para a mãe:

— Eu acho que esse monstro nunca mais vai vir me assustar, mamãe. Agora eu encontrei quem vai me proteger! Os anjos!

Lúcia respondeu:

— É isso mesmo, filhinha, não devemos mais temer. Eu e você vamos rezar muito e pedir a ajuda de Deus para levar todo o mal da nossa casa embora. Papai do Céu vai mandar sempre os seus anjos para nos ajudar.

A garota respondeu:

— Eu quero ir para o centro espírita. Você me leva?

— Sim – respondeu Lúcia –, eu te levo.

Toquei o ombro do mestre, as lágrimas desciam dos meus olhos. Realmente, ela estava ali acompanhada por um anjo. Ele olhava para a menina com um sorriso estampado no rosto.

Mestre Pedro me pediu para que eu afastasse os irmãos doentes e também que pedisse ajuda para tirá-los dali em segurança. Eram espíritos encarnados e desencarnados que se juntaram enquanto seus corpos estavam adormecidos.

Acionei o nosso alarme de pedido de socorro e logo chegaram os guardiões que faziam a ronda nas imediações. Eles se ofereceram para guiar os espíritos, cada um ao seu destino. Aceitamos e agradecemos pela ajuda recebida.

Quando retornei ao quarto, encontrei Lúcia dormindo abraçada com a filha. Mestre Pedro estava ao lado da garota, cobrindo-a de Luz. Ao me ver entrar, ele veio ao meu encontro. Abraçou-me e, com a voz embargada pela emoção, disse:

— Meu amigo, meu irmão! Por meio de você pude enxergar a minha alma! Percebe, meu amigo, como às vezes estamos procurando por algo que imaginamos tão distante, mas não percebemos que está tão perto de nós? E que não sou o anjo que você pensa que sou? Raquel esteve todo esse tempo diante dos meus olhos e eu não a reconheci. Antes de ela se preparar para reencarnar, eu estive lado a lado com ela, sem reconhecê-la. Cego, obcecado pelas lembranças do meu passado, esqueci que o presente está sempre à nossa frente. Todos nós precisamos de uma mão amiga, de um irmão para nos ajudar nesta caminhada; tudo é uma troca de amor e de energias positivas. Desde o nosso encontro naquele presídio temos andado juntos, encontrando nossos caminhos. Temos auxiliado muito um ao outro. Entramos em uma sintonia de revolta, luta e sofrimento, para, então, descobrirmos que só o amor vale a pena. Chego a pensar, meu irmão, que todos nós precisamos passar pelo caminho do inferno para valorizar as estradas do céu. Lutamos pelos mesmos ideais, buscamos e almejamos a paz e o amor dos nossos entes queridos. Aos poucos vamos galgando alguns degraus que nos levam à compreensão de Deus. Você reencontrou os seus entes queridos e eu reencontrei o ponto mais importante de minha existência: Raquel. Por ela serei capaz de voltar a reencarnar, descer ao Umbral, seguir qualquer rumo que o Grande Pai me pedir. Esse é o caminho do amor, José.

Ele beijou a fronte da menina e me convidou a sair, dizendo:

— Deixemos que elas descansem. Tudo está esclarecido. Estou vivo, sim, estou vivo, encontrei a minha vida...

Saímos e eu lhe contei o que tinha ouvido em relação ao risco que corria Raquel. Alguém queria a menina para atrair aquele que verdadeiramente desejava aprisionar.

— Sigamos, meu amigo. Vamos consultar o nosso superior para nos certificar do que poderemos fazer para amenizar essa situação – respondeu mestre Pedro. – Doravante, vou me empenhar em acumular bônus espirituais. Não medirei forças para o trabalho, pois quero conquistar o direito de ver Raquel e de estar ao seu lado. Quero que ela descubra o que é felicidade.

O nosso regresso naquele dia foi maravilhoso. Pedro parecia mais leve, e sua Luz estava mais forte e mais brilhante. Eu observei o meu amigo e me convenci de que o milagre da vida é o amor.

Enquanto atravessava a densa nuvem irradiada pelos primeiros raios do sol, eu refletia sobre tudo o que acontecera comigo. Tantos anos se passaram e parecia que tinha sido ontem. Relembrei os anos que passei na cela, que foram mais longos do que os cem anos da colônia. Senti saudade da colônia, dos amigos. Quantas coisas ainda havia para serem feitas! Quantos sonhos eu carregava dentro do meu peito. Tudo era tão incrível e maravilhoso. O tempo realmente era muito pequeno em relação a toda imensidão a ser descoberta.

Olhava para mestre Pedro, que, tranquilo, irradiava Luz por onde passávamos. Em determinado ponto de uma mata, ele me deu sinal para que parássemos. Um filhote de leoa estava perdido da mãe; ia para o lado contrário, cambaleando de fraqueza. Pedro pegou o animal no colo e o levou até onde se encontrava a mãe.

Atravessamos a mata. Chegamos do outro lado, onde havia um rio largo e caudaloso. Em uma de suas margens estava uma pobre mulher, de pés descalços e com um vestido de chita puído, que lutava com uma vara de pescar. Ela tentava jogar a linha com um anzol aqui e ali. Ao seu lado duas crianças pequenas, ansiosas para comer, abanavam um fogo na beira do rio.

Mestre Pedro parou e afagou a cabeça das duas crianças que sonhavam com um peixe para comer. Elas estavam com fome. Eu olhei para os lados procurando alguma coisa que pudesse trazer para eles, mas não havia nada.

Mestre Pedro olhou para mim e disse:

— José, neste rio tem muitos peixes, embora eles estejam mais adiante. O que você acha de dar um mergulho e trazer um bom peixe para estas crianças se alimentarem?

— É para já, mestre! – respondi já me atirando nas águas.

Tentei trazer os peixes para a margem, agitei a água, bati com as mãos, assoprei e nada! Já estava ficando frustrado quando ouvi uma voz muito familiar ao meu ouvido:

— José... o que você está fazendo? Esses peixes não têm vidência! Que tal você trazer um até o anzol?

— Obrigado, mestre Pedro. Eu sempre esqueço que sou um espírito...

Minutos depois ríamos com alegria, pois um peixe de bom tamanho foi fisgado! A mulher agradeceu a Deus e aos mentores das águas. Fiquei decepcionado, pois fiz a maior ginástica embaixo d'água, mas ela agradecia ao "povo das águas", e não a mim!

Mestre Pedro tocou meu ombro e me perguntou:

— José, quem é o "povo das águas"?

— Eu não sei, mestre, nunca os vi.

— São todos os espíritos que trabalham auxiliando outros irmãos em suas necessidades junto às águas. Se estivermos perto de um rio, mar, lagoa, ou até mesmo atuando em um copo d'água, não somos os espíritos atuando nas águas? Você mesmo não me confundiu com um guardião do mar? Todos nós somos povos das águas, das matas, da terra, do ar, do fogo etc. Precisamos colaborar com os nossos irmãos encarnados e desencarnados, e também zelar pela natureza! O que seria do homem sem os recursos da mãe natureza?

— Tem razão, mestre Pedro. Eu tenho muito o que aprender com o senhor! Neste momento devo me colocar como um espírito das águas! Assim como o senhor representou o espírito da mata, ajudando aquele filhote.

Ficamos observando a mulher e seus filhos. Ela riu, pegou o peixe e falou para os filhos:

— Hoje o Papai do Céu nos deu um bom peixe!

Limpou o peixe na beira do rio, enquanto ensinava aos filhos que só deveriam pegar das águas ou das matas o suficiente para saciar a fome e nunca pelo prazer de matar.

Mestre Pedro balançou a cabeça afirmando que ela estava certa. As crianças olhavam para o peixe e prestavam atenção no que a mãe falava.

— Você reparou, José, que criatura consciente? Essa mulher nunca se sentou em um banco de escola, nunca saiu do mato para a cidade, não sabe ler nem escrever, não conhece as leis dos homens. No entanto, ela conhece as Leis de Deus, que são as mais importantes – comentou o mestre.

Voltamos a nos elevar no ar, rumo à nossa morada improvisada na Terra. Há muitos recantos na natureza onde centenas de espíritos trabalhadores se alojam em abrigos improvisados, assim como há centenas de casas que abrigam milhões de espíritos trevosos.

Os espíritos conscientes buscam se refugiar em seus poucos momentos de descanso, a fim de se refazerem nos pontos da natureza. Já os sugadores de energias humanas (vampiros espirituais) buscam abrigar-se nos lares, nos hospitais, e, em certas situações, estes irmãos são mais donos desses locais do que os proprietários encarnados.

Capítulo 12

A batalha

Ficamos o dia todo envolvidos em trabalhos de resgate. Eu fiquei observando aquele mestre em ação, e a sua transformação era inacreditável. Sintonizado no campo de energias positivas de um médium, ele aplicava todo o seu potencial. Ali não se via um homem, não era um ser com emoção e carências, mas uma Luz que ia em todas as direções, era um sol irradiando luz. Trabalhando e servindo aos outros, ele ultrapassava a si mesmo, vencendo o medo, o mal e as lembranças do passado.

Chorei de emoção só de pensar que quem tinha um amigo como aquele era de fato um felizardo. Ele que poucas horas atrás tinha vivido uma emoção tão grande não parecia abalado, pois transmitia tranquilidade aos presentes. Ele era Luz, era paz.

Assim que terminamos as nossas tarefas, aproximei-me dos mestres e, como sempre, os felicitei pelo trabalho desenvolvido.

Acompanhei mestre Pedro de volta à nossa colônia. Não falamos muito nem tocamos no assunto, mas sei que ele estava transbordando de felicidade.

Ao chegarmos, ele me convidou:

— Vamos falar com o nosso mentor?

— Claro – respondi.

O mentor chefe estava sentado em sua mesa de trabalho, examinando alguns papéis. Ao nos ver chegar, levantou-se e nos convidou a entrar e sentar. Vendo a preocupação nos olhos de Pedro, foi logo perguntando:

— Posso fazer algo por você, filho?

— Sim, mestre, preciso de sua ajuda.

Ao terminar de relatar tudo o que sabíamos a respeito de Raquel e das intenções de um inimigo oculto, pois não sabíamos de quem se tratava, o chefe respondeu:

— Ouçam com atenção o que tenho a lhes dizer. Um irmão, quando se afasta da Luz, age como uma fera perdida e ferida. Ele não pensa e não sente a mesma emoção, a mesma alegria dos irmãos que viajam pela Luz. Esse filho de Deus, que se encontra afastado do rebanho do Pai, não consegue esquecer as suas mágoas, pois vive ligado ao sofrimento do passado, e nesse passado, Pedro, você é o maior alvo dele. Ele procura por você em todas as partes, e sabe que você está entre nós. Você voltou-se para a Luz, mas ele não aceitou nem esqueceu as adversidades do passado. Sente-se magoado e ofendido, carrega a dor da vingança e do ódio por você. Há pouco tempo você fechou alguns albergues e aprisionou alguns líderes de sua organização. Ele se lançou a procurá-lo pessoalmente. Oferece ajuda aos espíritos do baixo-astral, àqueles que puderem levá-lo até você. Ele descobriu Raquel e está tentando arrastá-la para a sua organização e usá-la contra você, pois conhece os seus princípios morais e espirituais, sabe que fará tudo por ela. Ele sabe que você não poderá derrotá-lo enquanto estiver amparado pela organização da Luz, por isso tenta arrastá-lo para as trevas para guerrear. Ele sabe que nas trevas é mais fácil colocar em prática seus planos diabólicos contra a sua integridade espiritual. Você não poderá enfrentá-lo descendo às trevas, mas pode atraí-lo para a Luz, onde você se encontra. Resgatar uma ovelha perdida do rebanho do Pai é mais valioso do que guiar mil ovelhas que já conhecem a trilha da Luz. Essa ovelha caminha nas sombras carregando um grande rebanho com ela. Deus lhe preparou, Pedro, como um pastor que conhece o caminho que poderá trazer todo o rebanho perdido. Daremos para você todo o apoio necessário, porém essa dívida a ser acertada é você quem deve saldar, meu filho.

    Pedro ouvia de cabeça baixa, como se estivesse se lembrando de algo muito importante.

O nosso mentor apontou para mim, dizendo:

— Filho, você pode se encarregar de desenvolver o trabalho de Pedro. Cuide da segurança de Raquel e de sua mãe, pois elas são afeiçoadas a você, então torna-se mais fácil trabalhar com o campo de suas energias. — Olhando para o mestre Pedro, disse: — Você, meu filho, bem sabe que é necessário resgatar esse irmão. Esse é o seu maior desafio; a liberdade espiritual de vocês dois está em suas mãos. Para trazê-lo até nós é necessário habilidade, trabalho e inteligência. É importante liquidar todos os pontos negativos que fecham os caminhos dele para a Luz, é preciso muito amor, paciência e resignação. Ele forma diariamente exércitos e mais exércitos de irmãos perdidos e errantes. Nas trevas, ele é temido e odiado por outras organizações trevosas, na Luz ele é sempre lembrado e amado por todos nós. Conte com a nossa ajuda para o que for necessário e faça o que é preciso, Pedro: resgatar esse filho e trazê-lo de volta para a casa do Pai. Nada do que você já tenha visto ou feito nos últimos tempos lhe trará tanta felicidade quanto o resgate desse filho. Ele é muito importante em sua vida, e chegou o momento mais esperado por todos nós: vê-lo livre e completamente reintegrado consigo mesmo.

Mestre Pedro baixou os olhos e ficou pensativo. Fixou o olhar em um ponto distante do horizonte, e vi duas lágrimas descendo devagar pela sua face.

Fiquei observando aquele espírito, ou aquele homem (sinceramente, ainda tenho dificuldade de qualificar o grau desses irmãos iluminados). Eles nos surpreendem a cada dia que passa, pois falam como homem, agem como anjos, mas são espíritos! Fiquei analisando a sua figura. Alto, formoso, bom caráter e bom sujeito, um amigo e tanto! Quando o encontrei, ele estava entre aqueles espíritos errantes. Foi o nosso líder na cela, foi quem nos mostrou o lado bom escondido dentro de nós: o lado do amor e da paz. Só então comecei a entender o que ele fazia entre nós. Ele foi o nosso ponto de apoio, foi a nossa Luz! Nenhum de nós poderia enxergar nada diferente nele, pois só enxergávamos o nosso próprio retrato. No entanto, Deus enviou um anjo para nos amparar, e esse anjo era ele.

Lembrei-me das palavras do nosso mentor chefe:

— Pedro é como uma estrela no céu, apenas a iluminar os caminhos dos passantes. Ele está tão compenetrado em seu trabalho que ainda não percebeu o seu próprio brilho. Aceitou servir a Deus de uma forma tão clara que não percebe a sua própria natureza. A sua humildade e o seu desapego por obter benefício pessoal fazem dele um ser puro que não se envaidece por nada.

Mestre Pedro continuava parado no mesmo lugar, fitando o vazio. Eu não pude resistir, pois aquele homem me deu a vida, ajudou-me a sair das trevas. Eu jamais o abandonaria em qualquer missão; acontecesse o que fosse, eu ficaria sempre ao seu lado. Se ele fosse para as trevas, eu o seguiria ele. Aonde quer que ele fosse, eu iria implorar aos mestres para acompanhá-lo.

Aproximei-me dele, fiquei lado a lado e só então falei:

— Mestre Pedro, eu estou aqui do seu lado. Como Plínio, o senhor esteve do meu lado. Não quero ser apenas um trabalhador voluntário ao lado do senhor, quero ser aquele amigo de cela que sonhava com a felicidade distante. Com você, mestre, aprendi que a maior cela que prende uma alma é sua própria consciência. Por favor, mestre Pedro, deixe-me entrar na cela do seu sofrimento, pois já sofro com você. Se o senhor perder esta batalha, quero dividir a responsabilidade consigo; se o senhor vencê-la, quero dividir o prêmio com o senhor! Por favor, deixe-me acompanhá-lo.

Mestre Pedro voltou-se, ficou me olhando alguns instantes e, tocando meu ombro, disse:

— Meu amigo José, você não imagina quanto essas palavras me ajudam. Vou precisar muito de você, meu bom amigo. Nós vamos firmar um acordo de honra espiritual, vou deixar minha vida em suas mãos!

— Mestre, eu dou a minha vida pela sua com muito amor e alegria! – respondi. – Sinceramente faria isso e farei a qualquer momento se for necessário.

— José, Deus jamais fez esse tipo de negociação com os seus filhos. Deus quer cada um de nós com a mesma intensidade, com o mesmo amor. Jamais fale isso para ninguém! Por mais que amemos um ser, trocar vidas nunca será possível!

— Perdão, mestre. Quando penso que já sei de muita coisa, ainda caio em ciladas criadas pelas minhas emoções – respondi.

Colocando o braço em torno dos meus ombros, mestre Pedro me pediu:

— José, a Raquel precisa da proteção e dos cuidados de um pai. Enquanto eu estiver ausente, você fará o meu papel na vida dela. Assim como cuidei do seu filho, peço-lhe que cuide dela para mim.

Fiquei sem fala. Então ele iria se afastar de nós?

Como sempre, ele ouviu os meus pensamentos e logo me respondeu:

— Amigo, eu disse: "enquanto eu estiver ausente". Isso quer dizer que não estarei presente em todos os seus dias, mas com certeza voltarei. Não sairei das trevas sem ter colocado Luz nos corações de todos aqueles que, um dia, massacrei sem piedade, movido apenas pelo egoísmo e pela vaidade. Para isso, pretendo organizar as minhas tarefas adiantando algumas providências a serem tomadas. Com a ordem do nosso mentor, vou distribuir algumas tarefas entre os nossos voluntários. Assim, desde já antecipo a você: a sua missão será tão ou mais importante do que a minha. Você me disse há pouco algo que jamais vou esquecer. Se eu perder a batalha dividiremos a responsabilidade, se ganhá-la dividiremos o prêmio... eu espero, eu preciso, eu quero e eu vou dividir esse prêmio com você, meu amigo!

— Nós vamos alcançar essa vitória em nome de Deus! Eu acredito na sua capacidade e o senhor pode crer na minha fidelidade – respondi emocionado.

Ali, ao lado de mestre Pedro, cada vez mais eu me certificava de que mais vale um amigo na fé do que muitos companheiros sem essa riqueza.

Capítulo 13

A espera

No mundo dos encarnados nossas preocupações são tão diferenciadas das preocupações do espírito que não fica bem clara a diferença uma da outra. Encarnados, queremos ter um trabalho remunerado e estabilidade financeira, casar, ter filhos e levar uma vida boa. Isso é muito importante para as necessidades do corpo físico, embora as necessidades do espírito sejam outras.

No mundo dos espíritos não existe a preocupação de juntar bens materiais, não existem diferenças sociais. Os direitos e deveres são iguais para todos. No mundo dos espíritos os amigos se ajustam e se afinam na força da amizade e do amor fraterno; não há bens materiais e individuais para o espírito, que está preocupado em se unir às correntes da evolução global – ou seja, não existe progresso individual, pois o nosso crescimento é coletivo. As correntes de espíritos se unem para dividir as vitórias.

No Umbral ou nas cidades sombrias, como chamamos os refúgios espirituais criados pelos espíritos errantes, eles também se unem para obter sucesso em suas façanhas. Ninguém pode desenvolver nada sozinho. Na Luz ou nas trevas, precisamos dar as mãos e formar correntes para alcançar os nossos objetivos.

Mesmo me esforçando para não me deixar abater, eu não conseguia esconder a minha tristeza em saber que ficaria longe do meu maior companheiro de trabalho e grande amigo espiritual.

Mestre Pedro organizava trabalhos, adiantava tarefas e treinava alguns voluntários (inclusive eu) para dar continuidade a algumas missões que já haviam sido iniciadas por ele.

Fomos àquela casa onde ele incorporava em meu filho Jonas. Foi um trabalho magnífico. Antes de o responsável pela casa encerrar os trabalhos, ouvi o mestre pedindo alguns minutos de atenção.

Todos os presentes fizeram silêncio, ele foi até o médium responsável pela casa e lhe comunicou:

— Estou partindo em uma missão necessária. Agradeço a boa acolhida que sempre tive nesta casa e espero retornar assim que tiver a ordem suprema de Deus. Ao meu filho – se referia a Jonas –, por quem tenho muito apreço, peço que continue servindo nesta casa. Se não fosse por ele, eu não poderia me comunicar tão bem com vocês nem desenvolver o meu trabalho como tenho feito até então.

Alguém entre os encarnados lhe perguntou:

— O senhor vai demorar?

Educadamente, ele respondeu:

— Estarei de volta quando e assim que for permitido por Deus. Não posso afirmar em quanto tempo, mas creio que voltarei – disse isso olhando para mim.

E acrescentou:

— Tenho plena confiança naqueles que irão me substituir, e vocês podem contar com cada um deles, pois tenho certeza de que eles farão muito melhor do que eu. Deixo-os nas mãos de Deus, e não há porto mais seguro que esse.

Ele se afastou do centro de energia do meu filho Jonas, que caiu de joelhos chorando, pois, antes de sair, abraçou mentalmente o meu filho, animando-o a prosseguir na missão.

Os encarnados começavam a deixar a casa, e nós continuávamos trabalhando com os doentes. Alguém entre os frequentadores da casa comentou:

— Que pena... por que será que ele foi nessa missão? Teria feito algo errado e foi chamado pelos superiores, ou vai receber uma promoção?

Outra pessoa respondeu:

— Nunca vamos saber! Até que eu gostava dele, você não?

— Para falar a verdade, eu nem sei dizer! Ele era muito sério, não brincava com ninguém! Eu sei que é um espírito, mas bem que ele podia fazer a gente rir um pouco.

— Bom, isso é verdade. Ele não brincava com ninguém. Mas ensinava coisas boas, e, além disso, nós não estamos aqui para ouvir piadas, e sim para aprender coisas do espírito.

Falavam do mestre e esqueciam-se de que nós continuávamos trabalhando e de que suas conversas, além de serem ouvidas, atrapalhavam nossas tarefas. O trabalho dos encarnados terminara, mas o nosso não! E que absurdo... falavam do mestre como se ele nunca mais fosse aparecer na casa! Ingratos! Fiquei olhando para elas magoado.

Tive vontade de ir até onde estavam as duas moças e perguntar a elas se realmente estavam aprendendo coisas boas, pois mal se fechava a corrente dos trabalhos espirituais e elas já estavam criticando quem não conheciam! Se elas soubessem quem era o mestre Pedro, não falariam tamanha asneira.

Mestre Pedro fez sinal para que eu me aproximasse dele, e assim o fiz. Abraçando-me, ele disse:

— José, o que você tem ouvido e aprendido neste último curso? Lembre-se do que pediu Jesus ao Pai quando estava sendo torturado, ofendido e ultrajado: "Perdoai, Pai, eles não sabem o que fazem!". Essas moças não estão vendo você, não estão falando com maldade, falam por ignorância! Pense em quem está mais errado: elas ou você? José, não julgue essas irmãs, pois você está pecando tanto quanto elas! Elas estão aqui aprendendo o que você já sabe, mas tenha paciência e fale com elas no coração.

Fiquei envergonhado e respondi em voz baixa:

— Perdão, mestre. Vivo tropeçando nos meus pensamentos errantes. O senhor está certo, perdoe-me pela minha ignorância.

Socorremos muitos sofredores ali mesmo, na Terra, e enviamos vários espíritos para as colônias competentes de acordo com as necessidades de cada um. A aurora já indicava os primeiros raios de sol quando terminamos de atender o último sofredor daquele dia.

Já refeitos, era hora de cada um seguir para a sua colônia. Mestre Pedro pediu licença e começou a falar:

— Meus amigos, como vocês ouviram, eu já me despedi dos encarnados, e agora me despeço de vocês dizendo-lhes que amigos não dizem adeus, mas sim até breve. Preciso partir. Nada mais justo do que saldar a minha dívida com Deus, que já teve tanta paciência comigo. Tive tempo suficiente para me preparar e me fortalecer para alcançar o caminho que me espera. Fiquem tranquilos, vou voltar.

Abraçou cada um dos trabalhadores da casa e, por último, veio até mim. Seus olhos profundos tinham um brilho novo, ele estava cheio de confiança e de amor.

— Meu amigo, vamos andando que hoje é o seu dia de me ouvir. Por favor, deixe-me falar. Vamos aproveitar a nossa viagem. Hoje eu falo e você escuta – disse mestre Pedro.

Erguemo-nos no ar e ele convidou-me:

— Vamos até a beira do mar? Preciso captar essa energia divina que tanto me faz bem.

Sentados em nossa pedra predileta, fiquei ouvindo o mestre:

— Vou sossegado, pois a minha vida está em tuas mãos. Sei que fará o melhor por ela. Não se esqueça de que nas trevas a luz de um vaga-lume é tão valiosa quanto o brilho do sol na Terra. Não se esqueça de me enviar todos os dias um pensamento iluminado, positivo, pois vou precisar da sua Luz, tanto quanto um sedento no deserto. Sinceramente, não posso adiantar para você nada sobre o comportamento e as conquistas daquele a quem estou indo ao encontro. Há muitos anos que nos separamos e nunca mais nos vimos.

Então, mestre Pedro prosseguiu:

— Éramos amigos inseparáveis, assim como nós dois somos hoje, entende? Vou lhe contar algo sobre nós. Éramos muito parecidos fisicamente e também tínhamos pensamentos parecidos. Mesmo após o nosso desencarne continuamos juntos como dois irmãos. Mas um dia ele se rebelou contra os mestres e começou a fazer coisas erradas na nossa colônia. Eu não aprovei e acabei entrando em uma discussão feia com ele. Por isso, passei a ser seu inimigo número um! Da mesma forma que nos amávamos como irmãos, passamos a nos odiar como inimigos. Como você bem sabe, quando dividimos um quarto com alguém em uma colônia não podemos trocar com outra pessoa como fazemos na Terra. Dividíamos o mesmo quarto, mas não trocávamos uma palavra. Um dia, nós dois fomos convidados para trabalhar em resgates na crosta terrestre. Aceitei de imediato. Respirei fundo, era uma nova chance para mim.

Fiquei imaginando como ele reagiria àquela proposta. Para minha surpresa, ele aceitou trabalhar nessas regiões de sofrimento sem reclamar. Estranhei, pois ele reclamava de tudo! Nada estava bom.

Mestre Pedro começou, então, a relatar sobre o trabalho de resgate com seu "amigo":

— Chegou o dia de sairmos da colônia. Ficaríamos algum tempo fora, que no tempo terreno, equivalia a uns dez anos e no tempo espiritual, naquela região, equivalia a um ano. Fomos instruídos a levar poucas coisas, pois logo estaríamos de volta. Na portaria da colônia, lembrei-me de que deixei a lanterna e voltei correndo para pegá-la. Tomei o maior susto quando vi o meu "amigo" levando todos os seus pertences: qual seria a sua intenção? Pensei em falar com o responsável pela nossa expedição, mas, analisando melhor, lembrei-me dos ensinamentos dos mestres: cada um responderá por suas ações. Peguei a minha lanterna e fui embora. Mal chegamos à crosta terrestre o meu "amigo" começou arrumar confusão. Saía sem ordem do guardião, respondia mal aos superiores, destratava os companheiros de trabalho e agredia os doentes recém-chegados. No terceiro ano que estávamos na colônia dos primeiros socorros, muitos irmãos resgatados já haviam recobrado a consciência, outros esperavam a ordem para ser levados aos reformatórios espirituais. Notei que o meu "amigo" se encontrava às ocultas com um grupo de espíritos condenados, e eles pareciam tramar alguma coisa. Estávamos em um resgate para os lados do oriente, onde muitas pessoas desencarnaram em um tremor de terra. O sofrimento dos feridos era grande demais. Por fim, quando terminamos de socorrer todos, nosso guardião nos chamou para nos ajudar a repor as energias perdidas. Faltava meu "amigo"! Procuramos por ele nos arredores, mas não havia nenhum sinal. Um dos guardiões que zelavam pela guarda dos detentos da colônia veio até o nosso guardião chefe com ar sério e comentou com ele: "Senhor, os detentos da ala 19, onde ficavam os que são considerados espiritualmente perigosos, fugiram! Não sabemos ainda quem facilitou a saída deles, mas suspeitamos de que o responsável foi alguém dos nossos". O guardião respondeu-lhe: "É bem provável que tenha sido um dos nossos sim; aliás, estamos procurando um voluntário que não se encontra no grupo". Eis que alguém chegou com a má notícia: "Houve de fato fuga em massa! O nosso irmão desapareceu com os detentos, certamente ele liderou a fuga". O guardião falou preocupado: "Vou comunicar a todas as colônias vizinhas, aos guardas que fazem a ronda na crosta terrestre e avisar nossos superiores. Infelizmente", continuou falando o instrutor, "enquanto recolhemos os que estão perdidos, aqueles que já estão em casa e protegidos resolvem voltar às trevas".

Mestre Pedro acrescentou:

— Esse "amigo" era muito inteligente, tinha perspicácia para desenvolver planos. Eles conseguiram atravessar a crosta terrestre e voltaram para a Terra. As últimas informações que tive é que ele se tornou uma espécie de rei entre os seus aliados. Criou fortalezas nas trevas; existem milhares de colônias dominadas por ele. Eu desenvolvi um trabalho positivo ao lado da Luz, e ele desenvolveu um trabalho negativo ao lado das trevas. Chegou a hora de nos ver; é o momento de nos alinhar e de ajustar definitivamente as nossas diferenças. Sei que não será fácil atravessar todas as barreiras até ele, mas tenho que chegar, eu preciso encontrá-lo.

Eu apenas ouvia, engolia em seco, e pedia a Deus que iluminasse o meu amigo. Quem poderia ser inimigo de alguém como Pedro? Seria impossível alguém não se dar bem com ele.

Lembrava-me da reação do meu filho Jonas quando nos encontramos na colônia, onde passei tantos anos ao lado dele como inimigo. Às vezes ficamos lado a lado de quem amamos e não percebemos a sua presença. Eu não sabia o que pensar dessa história tão antiga, mas com certeza Deus iria proteger o meu amigo.

Chegamos à nossa colônia. Mestre Pedro parou no portão de entrada e disse-me:

— Acompanhei você até aqui para desabafar um pouco. Não vou entrar, pois daqui sigo o meu novo caminho.

Antes que eu dissesse alguma coisa, ele me abraçou, dizendo:

— Cuide-se bem, José, faça o melhor possível. Não pensando em mim, mas em todos nós.

Eu abracei mestre Pedro e não pude conter as lágrimas. Com a voz embargada, pedi:

— Prometa que vai se cuidar também. Não tenho vergonha de falar, eu preciso que o senhor volte, pelo amor de Deus! Senhor, em nome de Deus, eu lhe peço. Eu sei que perto da sua Luz sou apenas um vaga-lume, mas se precisar de mim me chame, irei correndo.

Ele bateu de leve nas minhas costas, olhou-me nos olhos, e disse:

— Não fique angustiado, eu volto. Prometo a você que ainda vamos nos sentar naquela pedra à beira do mar e sentir a energia do oceano. Iremos ao alto da montanha, na cabana dos grandes encontros espirituais, e vou tomar o seu café!

Ele saiu andando, a passos firmes e seguros, e eu fiquei parado olhando para aquele homem ou anjo – tanta Luz e sabedoria naquele ser... Partia para as trevas em uma nova missão levando como bagagem apenas o amor de Deus em seu coração e muita disposição para o trabalho.

Sentei-me em um banco e fiquei olhando até ele sumir no espaço. Volitava como um pássaro prateado, sua Luz brilhava intensamente. Orei e pedi a Deus que não o abandonasse. Lembrei-me de minha passagem na cela do Umbral: ele estava lá iluminando o meu caminho de volta para a Luz. Com certeza ele traria aquele gênio das sombras para o regalo da Luz.

Uma saudade imensa invadia o meu coração. O amor é um sentimento sem explicação... Amava aquele mestre como amava todos os meus entes queridos. Olhando para o infinito, pensei: "Assim como não podemos explicar o grande amor de Deus por suas criaturas, também não podemos explicar os nossos próprios sentimentos de amor. Vou fazer o possível para não decepcionar o mestre Pedro, pois ele me confiou o tesouro mais valioso de sua vida: Raquel".

Jurei a mim mesmo: "Vou cuidar dessa menina como se fosse a minha própria vida".

Capítulo 14

O grande aprendizado

Cada um de nós procurou cumprir nossas tarefas conforme combinado com o mestre. Recebendo toda a assistência dos irmãos trabalhadores, fui me envolvendo com aquelas que haviam sido confiadas a mim pelo mestre Pedro.

Empenhei-me em zelar pela segurança espiritual de Raquel, e recorri ao socorro dos mestres que me auxiliaram prontamente quando necessitei de orientações nos procedimentos de alguns trabalhos a serem executados.

Fui agraciado com muitos cursos, que elevaram minhas forças e a estima pessoal. Acompanhando os passos da minha família encarnada, recuperei o meu equilíbrio emocional e aprendi a não me envolver nem interferir na missão dos meus entes amados. Foi uma grande felicidade alcançar essa graça de Deus, o equilíbrio das emoções, desenvolvendo as minhas tarefas com segurança e serenidade.

Não posso negar que me sentia incompleto sem a presença do mestre Pedro, mas continuei confiante em Deus, esperando por notícias dele.

De vez em quando nosso mentor chefe nos agraciava com uma reunião fraternal, na qual muitos amigos vindos de várias colônias espirituais se encontravam para ministrar palestras amistosas e troca de informações sobre nosso trabalho do dia a dia. Em uma dessas palestras, informaram-nos de que iríamos receber a nobre visita de um espírito altamente evoluído e conhecedor dos planos espirituais.

A alegria tomou conta da nossa colônia. Uma visita tão importante como aquela só poderia causar mesmo expectativa. Um dos amigos presentes fez um comentário, e nós paramos para refletir sobre suas palavras:

— Quando estamos encarnados, realmente somos cegos e tolos. Esse senhor fica muito mais próximo de nós quando estamos na Terra... Os encarnados têm a ilusão de que após o desencarne vão se juntar aos anjos, santos e nobres espíritos, tal como esse grande mestre. E, no entanto, do lado de cá descobrimos que é muito mais difícil receber sua visita. Quando deixamos o mundo carnal, voltamos para o mundo espiritual e passamos a viver onde e com quem merecemos estar, afinal somos espíritos também!

Acredito que cada um tenha feito uma breve reflexão sobre como tudo aquilo era verdadeiro. Os espíritos voluntários e autorizados a auxiliar os encarnados passam tão perto de nós na Terra, vivem tão próximos das pessoas, mas passam despercebidos pela maioria dos encarnados. Aguardávamos ansiosos. No íntimo, cada um desejava saber notícia de algum ente querido, pois ele era o viajante entre a Luz e as trevas. Esse senhor, conhecido como "Mensageiro da Luz", é um guardião que penetra nos trechos escuros e iluminados. Ele é respeitado pelo seu trabalho constante e incansável. Trabalha ligado a todas as legiões, é temido nas trevas e respeitado na Luz. O seu campo de energia espiritual é uma verdadeira prisão para os trevosos, pois sua energia espiritual domina, prende e arrasta os seus prisioneiros sempre em direção à Luz. Uma de suas características pessoais é a bondade. Ele trata todos os irmãos que estão sobre sua coordenação com carinho e respeito. Não usa a emoção em seus trabalhos, mas não comete injustiças, pois a razão é sempre aplicada.

Era uma sexta-feira fria e chuvosa na Terra. Já estávamos trabalhando na casa onde o meu filho realizava trabalhos espirituais. Como já abordado anteriormente, os espíritos são os primeiros a começar o trabalho e só saem quando terminam todas as tarefas. Vi meu filho entrando cabisbaixo. Parecia triste, desanimado. Aguardava a abertura dos trabalhos. Notei que estava acompanhado de um irmão sofredor que foi até ali pedir socorro. Ajudei o irmão doente desencarnado que estava mentalmente ligado a ele. Senti que Jonas respirou fundo e animou-se.

Ouvi quando ele comentou baixinho com outro irmão:

— Eu estou suando frio hoje. Estou aqui sem saber com quem irei trabalhar. Não tenho a menor ideia de quem poderá vir. Sempre trabalhei com o irmão Pedro...

O amigo, então, lhe respondeu:

— Tenha fé em Deus, firme o pensamento Nele. Um pai, quando precisa afastar-se para resolver coisas importantes, e é sempre pelo nosso bem que eles fazem isso, antes de se afastar para cumprir determinadas missões, toma providências antes de partir. Com certeza ele já preparou alguém para substituí-lo nessa tarefa. Fique calmo e receba quem vier com muito amor.

Meus olhos encheram-se de lágrimas – eu nunca tinha pensado naquela hipótese. Às vezes essas questões são nossas, e não deles! Os nossos mentores nos instruem para sempre prestar atenção aos ensinamentos de muitos espíritos encarnados evoluídos que trabalham nas casas espíritas, pois eles têm muitas coisas bonitas para nos ensinar. Ali eu estava tendo uma prova disso – que belo exemplo! Senti muito carinho por aquele filho, tive vontade de abraçá-lo.

Quantas vezes ficamos emocionados ou entristecidos quando vemos alguém ajudando ou maltratando nossos entes amados... Aquele irmão encarnado ajudava meu filho, dava-lhe forças e o incentivava a ter fé.

O meu filho respirou fundo, e disse:

— Muito obrigado por suas palavras. Você está certo. Se estou aqui preparado, cheio de fé e amor em Deus, não devo temer quem vier, pois virá com a permissão do Mestre.

— É isso mesmo, Jonas! É assim que se fala. Vamos entrar em sintonia com nossos mentores espirituais com muito amor, vamos trabalhar com fé! – falou alegremente o jovem.

Agradeci a Deus e reconheci que estava diante de um ser encarnado muito evoluído!

Os mentores foram incorporando em seus médiuns. Eu colaborava com todos trabalhadores, mas observava meu filho, que havia sido chamado pelo mentor da casa.

Vou tentar explicar como vi o mentor chefe da casa ligando o médium ao novo mentor: ele se aproximou de Jonas e uma nuvem luminosa foi cobrindo-o da cabeça aos pés. O corpo de Jonas estava envolvido nessa luz. Vi descendo uma bola luminosa que, ao tocar no alto da cabeça dele, com a rapidez de um relâmpago, transformou-se no corpo espiritual do mentor que se ajustou mentalmente a ele. Eu via dois corpos e um só pensamento. Como espírito, fiquei encantado – nunca havia visto isso antes.

Manoel, vendo a minha surpresa, falou baixinho ao meu ouvido:

— Nem sempre o médium capta todas as informações dos mestres. Muitas vezes um médium totalmente incorporado, mas consciente, atrapalha o trabalho dos mentores se não for treinado para tal tarefa. Outras vezes um médium indisciplinado, que não respeita as necessidades básicas para uma incorporação saudável, bloqueia a entrada da ligação espiritual. Nesse caso, o mentor fica ao lado do médium e este nem sempre entende ou compreende as suas palavras, por isso acaba escrevendo ou falando tolices. Mas esse não é o caso de Jonas.

O mentor chefe da casa retirou a mão de cima daquela luz. Ele se virou, e eu fiquei pasmo, pois vi um cavalheiro jovem, com olhar altivo e decidido, que cumprimentava e abençoava a todos em nome de Deus.

Ele falava algo em particular para cada um. Chegando a minha vez, ele apertou minha mão, dizendo:

— Foi uma pena, nós nos desencontramos por pouco. Quando você saiu da cabana com Pedro, eu cheguei em seguida. Sei que era o seu companheiro de jornada, pois Pedro me falou muito a seu respeito. Fico feliz em encontrá-lo nesta casa. Conte comigo para qualquer ajuda que se fizer necessária.

Mal pude conter as lágrimas de emoção. Agradeci a ele por estar ali nos amparando. Então esse mentor era amigo do mestre Pedro. Será que ele sabia do afastamento do mestre?

Terminando os trabalhos, ele se despediu do nosso grupo e seguiu em companhia de outros mestres. Eu fiquei parado observando aquele cavalheiro elegante e educado – ele me fez lembrar o mestre Pedro.

Domingo era o dia da nossa, digamos assim, "folga". Nós nos preparamos para o encontro com o ilustre senhor. Um dos companheiros de missão dizia já ter participado de uma palestra com ele e que tinha sido muito proveitosa. Eu estava ansioso para conhecê-lo pessoalmente, pois em todas as colônias espirituais por onde passei ouvi falar muito a respeito dele.

Fomos para o auditório. Sentei-me bem próximo do palco onde ele iria ministrar a sua palestra. Logo abriram as cortinas, que não são feitas de tecidos, mas de uma película luminosa. O nosso mentor entrou acompanhado de outros mentores.

Vi entre eles aquele novo mestre que incorporou em meu filho. Fiquei muito feliz e pude concluir que ele era um ser luminoso muito importante, pois estava entre os mestres.

Qual não foi a minha surpresa quando o mentor o apresentou dizendo-nos:

— Eis o nosso ilustre irmão que nos honra neste dia com sua visita e sua palestra.

Ele olhava na direção de todos, olhava dentro dos olhos de cada um. Estávamos de pé, e ele sugeriu que nos sentássemos. Em cerca de duas horas de palestra, ele nos deu muitas informações importantes sobre o que estava acontecendo na Terra e em muitas colônias espirituais. Por fim, frisou bem:

— Nem todos os espíritos encarnados têm consciência dos transtornos que causam quando desencarnam, justamente porque nunca se acreditaram como espíritos! A nossa equipe que coordena as pesquisas humanas está inquieta com o futuro da humanidade, pois, à medida que a população cresce, o homem desenvolve projetos trevosos que comprometem a futura geração. Entre armas, venenos e outras tantas coisas nefastas, infiltradas nesse redemoinho humano está se desenvolvendo a tecnologia de transformar a natureza em drogas! Está cada vez mais complicado patrulhar a crosta terrestre, pois os exércitos de fugitivos e desordeiros do baixo-astral aumentam a cada dia. Se o mundo carnal está ampliando suas cidades para atender a toda demanda humana, o mundo espiritual também precisa urgentemente reforçar as suas equipes, requisitando e treinando novos mestres para assumir cargos dentro das novas legiões. E vocês, meus irmãos, que são nossos colaboradores, devem se conscientizar cada vez mais da necessidade de realizar muitas tarefas, que hoje ocupam o tempo dos mentores mais experientes na área da saúde e da educação espiritual, para dar a contribuição de vocês fazendo o trabalho deles. Muitas tarefas que hoje desenvolvemos na Terra deverão ser assumidas por vocês. Por isso, estudem e abracem essa causa, que é de todos nós.

Assim ele foi elucidando cada um dos seus projetos e, quando terminou de apresentar o seu trabalho, uma forte energia tomou conta de cada um de nós. Creio que se naquele momento nosso mentor chefe perguntasse: "Quem deseja seguir com ele?". Todos teriam levantado a mão, inclusive eu. Ele sabia se expressar, colocava os problemas e apontava as soluções com muita clareza. Ouvindo suas palavras senti muita falta do mestre Pedro.

Estávamos envolvidos pelo seu carisma. Após uma pausa, ele colocou-se à nossa disposição, dizendo:

— Estou à disposição de vocês, fiquem à vontade. Se puder ajudá-los, farei com prazer; mas, se eu não tiver a resposta, comprometo-me a me informar e enviá-la a vocês através do mentor chefe desta colônia, pois é necessário ajudarmos uns aos outros.

Eu tenho por costume nunca ser o primeiro a fazer perguntas, pois fico intimidado. Conforme os outros vão perguntando, eu vou me sentindo mais à vontade, mais seguro.

Fiquei ouvindo as perguntas feitas por alguns irmãos. Uns queriam saber dos pais, outros dos filhos e amigos, irmãos, esposas etc. Com as informações fornecidas pelos irmãos, ele consultava um pequeno aparelho em seu pulso, como um relógio. Alguns companheiros choraram emocionados por receber notícias dos parentes – muitos estavam em colônias bem próximas de nós. Para outros companheiros a pesquisa não deu resposta. Ele foi claro, dizendo:

— Aqueles que não constam desta lista estão encarnados; vocês poderão obter informações através do órgão que cuida dos processos reencarnatórios.

Assim, quando chegou a minha vez de perguntar, fiquei encabulado, pois tudo o que eu queria saber era do mestre Pedro. Pensei comigo mesmo: "Se eu for repreendido pedirei desculpas, mas preciso arriscar".

— Senhor, não sei se tenho esse direito, mas a pessoa de quem eu gostaria de obter notícias é um mestre muito querido. É o mestre Pedro, o amigo que dividiu comigo momentos valiosos – parei de falar e podia ouvir o bater do meu próprio coração. Minhas mãos suavam, o meu rosto ardia, as lágrimas caíam dos meus olhos, tamanha era a minha ansiedade.

O mestre, calmo e tranquilo, olhou fundo dentro dos meus olhos e respondeu:

— Senhor José, quantas e quantas vezes buscamos por uma resposta olhando para uma estrela no céu e não prestamos atenção em um vaga-lume que nos rodeia? A missão do nosso amigo requer cautela, paciência, habilidade e competência. Conhecendo-o como nós o conhecemos, você não acredita que ele retornará com todo o rebanho, e não somente com a ovelha principal?

— Sim, senhor, eu tenho certeza – respondi secando as lágrimas.

— Nesse caso, meu irmão, vamos aguardar com calma os bons resultados da nobre empreitada da qual mestre Pedro se encarregou. Em casos assim, nós não temos acesso para entrar no mérito de trabalho dos nossos irmãos envolvidos com essas missões. Porém, para deixá-lo mais tranquilo, devo assegurar a você que não houve pedido de socorro por parte dele. Então, creio que tudo está sob o controle de Deus. E, se estamos sob o olhar de Deus, meu irmão, o que devemos temer? Aguarde seu amigo fazendo o máximo possível para realizar bem as tarefas assumidas com ele. Coloque alegria no seu coração, viva cada dia, cada instante de sua vida, acreditando em um amanhã muito melhor para todos nós. Desenvolva suas tarefas com entusiasmo, amplie seus conhecimentos, crie oportunidades para você e para os outros. Seja otimista e ao mesmo tempo cauteloso em suas emoções.

Agradeci ao mestre, mas confesso que fiquei um tanto frustrado. Ele foi gentil e bondoso comigo, no entanto, o que eu queria mesmo era ouvir falar do meu amigo e mestre. Eu ainda estava longe de compreender aquelas doses de sabedoria que esses mentores carregam dentro de si.

Capítulo 15

As grandes revelações

Eu me envolvi tanto com o trabalho que até me esqueci de que na Terra havia tempo e relógio que controlavam a vida das pessoas. Raríssimas vezes eu tirava um tempo para ir à beira do mar sentar-me na nossa pedra e captar a energia das águas. A única coisa que jamais deixei de fazer todos os dias era orar pelo mestre Pedro e dar toda minha atenção a Raquel.

Em um dos centros espíritas onde eu servia a Deus, vários irmãos que colaboravam como médiuns, alguns já atuando como voluntários e estagiários espirituais, desencarnaram e voltaram tão rápido! Como é bom semear na Terra as boas sementes... Em pouco tempo, vi irmãos colhendo os bons frutos.

Maria e Jonas frequentavam semanalmente os trabalhos espirituais; seus filhos só de vez em quando. Casaram-se, receberam em seus braços outros membros da família. Eles estavam com cabelos brancos e muitas rugas no rosto, marcas que o tempo físico não esconde nos encarnados.

Raquel formou-se médica, como o pai adotivo. Lúcia estava tranquila; havia se casado com um bom homem, estava amparada e muito feliz. Aliás, eles tinham se conhecido na casa onde nós pregávamos a Lei do Amor.

Mário desencarnou em um acidente de helicóptero. A notícia que corria é que ele estava bêbado e sem condições de pilotar, sendo o responsável pelo seu próprio acidente.

Até mesmo por ele ser o pai biológico de Raquel procurei saber dele através do nosso mentor chefe, e fiquei sabendo que ele estava internado em um hospital de recuperação para espíritos com deficiências mentais.

Raquel nem sempre estava presente nos trabalhos espirituais, mas sempre que eu podia ia vê-la no hospital ou em sua casa. Lembro-me de que um dia cheguei em sua casa, já passava das onze horas da noite, Lúcia e o marido tinham ido para a festa de formatura de uma parenta. Raquel estava com uma sopa no fogo e o gás de cozinha acabou. Ela ficou sem saber o que fazer. Olhou para o outro botijão e pensou: "Será que vou conseguir?". Eu soprei no ouvido dela: "Claro que você consegue, vamos lá, você faz coisas mais sérias! O que é mais fácil, trocar esse botijão ou fazer uma cirurgia?".

Em um ímpeto, ela arrastou o botijão, cortou o lacre com uma faca e só então foi tirar a mangueira do outro. Quando foi apertar a mangueira no botijão, o gás que escapava começou a fazer barulho. Ela gritou assustada:

— Valei-me, pai José! Ajuda-me, pelo amor de Deus!

Segurando firme na mão dela, eu também gritei:

— Valei-me, meu Deus! Como eu posso parar essa coisa?

"Vamos, não desistam! Vão apertando esse registro até fechar bem!", foi a mensagem de um dos meus mestres.

O barulho parou. Eu suava, e Raquel ria se sentindo uma heroína.

Eu me senti culpado por não a ter instruído a retirar primeiro o que estava ligado no fogão para que, assim, pudesse abrir o outro. Mas eu nunca tinha trocado um botijão também! Foi uma lição para nós dois.

Logo ela estava preparando espuma de sabão para, colocar em volta do registro. Estava tudo em ordem, não havia vazamento. Fiquei prestando atenção em tudo o que ela fazia, pois estava aprendendo também! A sopa foi feita com sucesso, e o fato de ela confiar em mim me encheu de alegria. Mesmo quando eu não podia ajudá-la por falta de conhecimento, nunca deixei de estar cumprindo a minha promessa a mestre Pedro.

Muitos irmãos encarnados pensam que os espíritos sabem de tudo. Nós ensinamos aos filhos aquilo que aprendemos nas colônias espirituais e aprendemos muitas coisas novas desenvolvidas na Terra, com os encarnados.

Ao observar Raquel tomando sua sopa com tanto gosto, lembrei de que na adolescência dei-lhe muitos conselhos. Fui até severo com ela quando sua mãe veio me pedir ajuda, falando-me das companhias com quem estava se envolvendo.

Graças a Deus, ela sempre foi uma menina maravilhosa, e compreendia bem os meus conselhos.

Quando ela decidiu fazer o vestibular para medicina, veio me pedir conselhos. Eu lhe respondi:

— Raquel, a maior ajuda que você pode receber é de Deus. Estude muito. Você deve ter certeza do que quer e acreditar que vai dar certo. Não sou eu quem vai fazer você passar no vestibular, e sim você mesma!

Assim ela fez. Esforçou-se e entrou na faculdade de medicina. Logo após concluir o seu curso, especializou-se e seguiu o exemplo do pai adotivo, que era um grande cirurgião. Tornou-se famosa e reconhecida na sua área.

Os namoros dela eram passageiros, nada sério. Eu pedia muito a Deus que não permitisse que ela sofresse nas mãos de ninguém. Aborrecia-me quando ouvia comentários de algumas pessoas dizendo que ela já havia passado da idade de se casar.

Iniciei um novo trabalho na Terra e recebi como parceiro um estagiário. Um jovem muito bom, mas às vezes ele era teimoso demais. André me lembrava Jonas em muitas coisas. A nossa tarefa era de suma importância espiritual: passamos a socorrer os acidentados na Terra. Nesses acidentes fazíamos o isolamento espiritual, não permitindo que espíritos errantes se aproximassem dos acidentados. Colaborávamos dando os primeiros socorros às vítimas até a chegada dos médicos carnais.

Sempre envolvido em outros trabalhos, mas com o meu aparelho de chamadas de emergência ligado, uma tarde fui chamado às pressas pelo André, pois precisávamos resgatar um irmão que sofreu um acidente de carro. Ao chegar no local, constatamos que ele havia falecido. Na verdade, ele praticou o suicídio, pois estava dirigindo bêbado. Após uma briga com a noiva, saiu em alta velocidade, colocando em risco a sua vida e de outras pessoas.

Por mais que tentássemos convencê-lo a se acalmar e nos deixar cortar o seu cordão de prata, que era a única coisa que o prendia ao corpo físico, ele teimava em ficar agarrado ao corpo, gritava, chutava – comportamento típico de um espírito desequilibrado.

Tentamos cortar à força seu cordão de prata, mas ele arrancou o nosso aparelho, jogando-o longe e gritou:

— Sou faixa preta! Vou fazer picadinho de vocês! – cuspiu no meu rosto com ódio.

— O que vamos fazer? – perguntou-me André, que estava aflito.

— Sinceramente? Não sei – respondi.

Minha vontade, naquele momento, era enterrá-lo agarrado ao corpo morto. Quem sabe assim aprendia a ter respeito e educação? Logo caí em mim, e falei em voz alta:

— Perdoa-me, Deus, preciso ter controle e ser humilde diante dos vossos filhos.

Eu e André ficamos olhando um para o outro.

— Vamos pedir ajuda ao nosso mentor? – sugeriu meu companheiro de trabalho.

— André, você já reparou que nós dois estamos pedindo demais aos nossos mestres nesses últimos dias? Fizemos o curso há pouco tempo, pensávamos que estávamos preparados para atuar nessas situações, e agora estamos aqui com as mãos na cabeça, sem saber o que fazer. Vamos nos acalmar e tentar lembrar de como agir em casos assim.

— Nós não podemos deixar este infeliz agarrado ao corpo carnal! – disse, nervoso, meu companheiro de trabalho.

— É claro que não vamos deixá-lo! Vamos pensar no que fazer.

Cheguei mais perto e tentei convencer o fulano, que só não me chamou de santo – o resto já dá para imaginar.

Nervoso e já irritado, gritei:

— Escute o que vou lhe dizer, rapaz! Olhe bem para o seu corpo físico, e agora veja de onde apareceu esse outro corpo que está pendurado neste cordão que nós precisamos cortar para libertá-lo!

Ele começou a gargalhar e respondeu:

— Eu bebi tanto que estou até zarolho! Estou mesmo vendo dois corpos iguais! E dois idiotas perto de mim.

André me puxou pelo braço e disse:

— Vamos rezar?

Olhando para o rapaz que tentava puxar um pedaço de vidro para atirar contra nós, respondi:

— Vamos rezar.

Quando começamos a rezar, ele gritou alto:

— Parem! Isso está me irritando! Vocês estão me agourando, seus malditos? Quem vai morrer é a mãe de vocês!

Não demorou muito e estávamos cercados de espíritos do baixo-astral, que tentavam atrapalhar o nosso trabalho. Um deles, rindo alto, falou:

— Ah, se eu tivesse encontrado esses aprendizes na hora em que bati as botas! Teria tomado o lugar deles e entrado no céu como um anjo!

Os outros gargalhavam de nós.

Os policiais cobriram o corpo físico dele. Muitos curiosos cercavam o local, e os espíritos que adoram atrapalhar nossos trabalhos nessas horas também se prostaram ali. Eu peguei na mão do André e pedi a ele:

— Feche os olhos, vamos orar. Não tenha medo, não seremos atingidos por esses malfeitores. Além disso, será muito bom para eles continuarem aqui, pois, quando pedirmos resgate para o morto, eles também serão levados.

Oramos fervorosamente e, quando abrimos os olhos, o rapaz estava arquejando, pedindo ajuda.

Com muito cuidado, cortamos o cordão de prata, separamos o corpo físico do corpo espiritual. Acionamos o resgate, e em pouco tempo dois enfermeiros chegaram com uma maca. Enquanto eles transportavam o irmão, limpamos o local e o corpo físico para não atrair espíritos que praticam o vampirismo (sugam sangue humano para se alimentar).

Enquanto fazíamos nosso trabalho de limpeza, dávamos risada do nosso medo diante de um morto! O meu companheiro perguntou:

— José, você teve medo do morto te matar?

Gargalhamos juntos.

— Pois é, um morto com medo de outro! – respondi.

Ficamos ali até a retirada do corpo físico. Saímos cansdos. André comentou:

— Que sufoco passamos hoje, hein, José? Acho que poderíamos ir até a beira do mar respirar um pouco, o que você acha?

—Acho a sua ideia maravilhosa. De fato estou precisando.

O nosso aparelho de chamadas de emergência foi acionado. Olhei para André e atendi. A mensagem dizia: "Sigam imediatamente até o outro lado da ilha e observem um ponto luminoso sobre uma pequena cabana. É lá que vocês precisam prestar o socorro". A tela apagou.

André me olhou e disse:

— O que será agora? Adeus, beira do mar!

Em minutos localizamos a cabana no meio do mato. Entramos e encontramos uma garotinha de uns cinco anos chorando ao lado da mãe, que gemia agarrada à cabeceira da cama.

— Meu Deus! Esta mulher vai dar à luz! Temos que ajudá-la! – gritei para o André.

— Neste caso, você está mais preparado do que eu – respondeu ele. – Você já foi pai na Terra, deve se lembrar do que é preciso fazer.

— André, pare de falar e me ajude! Eu fui pai, não mãe! Acalme essa menina, leve-a para beber água e faça o que eu mandar!

Assim ele fez. Sugeriu carinhosamente à menina que o seguisse até a cozinha e fosse beber água. Eu gritei:

— Veja se o fogo está aceso. Sopre as brasas, nós vamos precisar de fogo!

Fui massageando e acalmando a criança e a mãe. Esta relaxou um pouco, transferi uma carga de energia para ela, que começou a respirar melhor e a fazer força para ajudar a criança a nascer. Logo vi a cabecinha apontando e gritei para André:

— Pergunte para a garota onde tem uma tesoura, uma faca ou qualquer coisa que corte! Desinfete no fogo e traga para cortar o cordão umbilical!

— Achei um canivete – gritou André –, mas não consigo tirá-lo da gaveta!

— Use a mente da menina! Isso é algo físico, esqueceu que você é um espírito? Retire o que for preciso do fogo com a mente, André, não use as mãos da menina! Desinfete o canivete e, com cuidado, sugira, à menina como ela deve pegá-lo. Traga-o até aqui através da menina.

Sugeri à mãe que cobrisse a parte baixa do ventre, ajudei-a a fazer isso. A menina entrava com o canivete na mão, e a mãe emocionada, já aliviada de suas dores, sustentando o garoto nas mãos, disse:

— Filhinha, foi Deus que lhe soprou no ouvido. A mamãe vai precisar disso. Vá buscar sua boneca e volte para mostrar a ela o seu irmãozinho.

Cortamos o cordão umbilical. A criança chorava, e a mãe embrulhou-a em um lençol. Ajudamos a mãe a se limpar e a recolher a placenta. A menina voltou com a boneca e, rindo, olhou para o irmãozinho dizendo que ele era lindo.

André encostou-se na parede. Olhava para mim e para os três. A mãe, ainda cansada, tentava distrair a menina, que, curiosa, perguntou à mãe por que tinha sangue na cama. Ela explicou que não era nada sério, era o mesmo que cortar um dedo, já tinha sarado.

— Logo, logo, o papai vai chegar e ficar muito feliz em ver o seu irmão.

Foi quando ouvimos o latido de um cão, e a menina gritou:

— É o papai, é o papai e o Tufão!

O rapaz entrou correndo na cabana.

— Meu Deus! O que aconteceu?

A esposa mostrou o belo menino. Ele começou a chorar. Nisso, entrou uma senhora de meia-idade que correu até a moça, abraçou-a e, chorando de alegria, disse:

— Minha filha, a gente esperava essa criança para estes quinze dias!

— Graças a Deus, mãe, está tudo bem – respondeu a moça.

— Roberto, leve a menina até a cozinha, coloque água no fogo, porque eu vou precisar. Vou trocar as roupas de cama e limpar melhor a mãe e o filho.

— Sim, dona Leda. Vem filha, vem ajudar o papai, vamos preparar uma coisa bem gostosa para a gente comer.

Colocando lenha no fogão e uma panela com água no fogo, ele agradeceu a Deus por ter olhado por sua esposa e seus filhos. Ele saiu cedinho para ir buscar a sogra, pois esperavam o nascimento para dali a duas semanas. "Como isso aconteceu?"

Passei a mão na cabeça da garota e disse:

— Deus lhe conserve sempre um ser de Luz. Use a sua intuição para o bem. Fiquem com Deus, filhos.

Virei-me para André e disse:

— Vamos tentar ir até a beira do mar?

— Vamos tentar. Hoje já fizemos coisas que não estavam no nosso programa.

— E desde quando espíritos fazem programas, André? – respondi brincando.

— É uma forma de falar. E eu ainda sou um espírito medroso! Quer saber de uma coisa? Hoje tremi de medo quando entrei naquela cabana; nunca fui parteiro. Como poderia ajudar alguém a nascer se até para ajudar um morto a gente se atrapalhou?

— Aí está, André! Hoje nós conseguimos, com dificuldade, é bem verdade, libertar um que desencarnou e resgatar um que chegava! E deu tudo certo!

Saímos volitando, tranquilos. Ficamos na mesma pedra onde costumava ficar com o mestre Pedro. A saudade bateu forte em meu peito – me pus a chorar.

André sentou-se ao meu lado e, tocando meu ombro, disse:

— José, meu amigo, nós temos enfrentado tantos obstáculos juntos, tenho aprendido muitas coisas com você, sinto-me seguro e confiante ao seu lado, mas neste momento não sei o que lhe dizer. Talvez eu não tenha sido um bom companheiro. Peço que me desculpe. Nunca parei para pensar que você também tem os seus sentimentos.

Continuei em silêncio. As lágrimas escorriam dos meus olhos, e uma dor imensa invadia minha alma.

— Posso ajudá-lo em alguma coisa? – perguntou André, preocupado.

— André, você tem sido um companheiro e tanto! Eu é que lhe peço desculpas pelos transtornos que tenho causado. As minhas lágrimas, meu amigo, são de saudades, muitas saudades. Nesta mesma pedra, há muito tempo, eu estava aqui perdido, sozinho e sem amigos. Foi exatamente aqui que encontrei mestre Pedro, o amigo de quem tanto já lhe falei. Ao lado dele, sentado nesta pedra, também reencontrei o meu filho. Foi aqui que aprendi muitas coisas importantes que me ajudaram a sobreviver na Terra como um espírito em missão de paz. Não sei lhe dizer por que, mas hoje estou sentindo uma tristeza imensa, e sei que não posso vibrar essas energias para dentro de mim. Precisamos trabalhar com paciência, ter confiança em Deus e não entrar em depressão espiritual, mas hoje está difícil...

— Vamos orar – disse André, apertando a minha mão. – Esses problemas de hoje mexeram com nós dois, vamos orar.

E ele começou:

— Pai Nosso, Vós que estás no céu, na terra, no ar que respiramos, nestas águas do mar, nas montanhas e nas florestas.

Confissões de um suicida

Vós que sustentais a matéria e o espírito do homem, tenha compaixão destes teus filhos pecadores. Mestre Jesus, envia-nos o socorro através dos espíritos de Luz e de bondade, pois ainda somos espíritos carentes... Ampara este meu irmão, Senhor Jesus, não permita que ele desanime em sua caminhada, precisamos continuar com nossa jornada.

Oramos o Pai-Nosso, e senti um alívio muito grande em meu coração. Olhei para André e percebi como aquele jovem era bondoso, apesar de ser brincalhão e de se zangar por nada, obrigando-me muitas vezes a tomar cuidado para não o ofender. Havia nele algo muito precioso: bondade, amor e solidariedade. Enquanto agradecia a ele, vi a imensa Luz que o rodeava. Abracei-o com muita emoção.

— Muito obrigado, André, você é um verdadeiro filho.

Seus olhos encheram-se de lágrimas, e ele respondeu:

— Obrigado a você, José. Eu tenho sido abençoado por Deus por viver ao seu lado. Eu aprendi a amar você como se fosse meu verdadeiro pai.

Foi então que avistei o barco que trazia o meu filho. As ondas do mar estavam calmas. Senti um aperto no coração, pois as coisas não andavam bem na casa de Jonas. Sua esposa estava muito doente, e isso também me deixava perturbado. Ela era nossa Maria!

— Vamos ao encontro dos pescadores? – convidei o André.

Logo estávamos sentados entre eles. Olhei para o meu filho, que estava tremendo de frio. Um colega lhe ofereceu a garrafa de conhaque, e ele agradeceu dizendo:

— Preciso mesmo é chegar em casa, entrar no chuveiro quente, vestir uma roupa seca, tomar uma sopa e ir cumprir a minha missão! Essa eu não posso deixar por nada deste mundo, pois já estou me aproximando da linha de chegada da casa do Pai e quero honrar meus compromissos por aqui até o fim. Só há uma coisa que peço a Deus todos os dias: não morrer sem abraçar meu pai espiritual, Pedro – disse ele baixinho.

Aproximei-me dele, abracei-o e disse:

— Jonas, meu filho, eu me orgulho de você! Eu também, filho, não posso ter paz enquanto não reencontrar o mestre Pedro.

Ele, calado, fitava as águas claras do mar. Eu conseguia ler os seus pensamentos. Ele dizia para si mesmo:

— Sinto uma falta imensa do meu pai! Nem mesmo cheguei a conhecê-lo, mas sinto sua falta...

— Não, filho! – gritei. – Você me conhece, sim, eu estou sempre perto de você. Estou aqui, filho!

Vi seus olhos cheios de lágrimas. Ele enxugou-os na manga da camisa, pensando no seu pai carnal.

Fiquei olhando para meu filho, que parecia tão cansado. Os cabelos brancos e ralos, o rosto enrugado. Ele em nada se parecia com aquele jovem que encontrei no mar, incorporando o mestre Pedro. Deus, quanto tempo já havia passado... Os espíritos não medem o tempo, mas notam na matéria sua consequência. Eu em nada havia mudado. O meu corpo espiritual continuava com a mesma aparência jovem que adquiri.

Ajudamos os pescadores a puxar o barco e logo cada um seguia para sua casa. Eu pedi ao André que me acompanhasse. Fomos até a casa de Jonas. Sua esposa havia piorado, não reagia aos remédios. Jonas ficou olhando para ela calado, orava a Deus e pedia forças para todos.

As minhas netas estavam cuidando da mãe. Jonas tomou banho e, a pedido das filhas que colocavam a mesa, foi jantar. Eu e André aplicamos um passe em Maria, que começou a respirar melhor. Estava pálida, magra, na matéria em nada se parecia com o espírito luminoso que era.

Sentado à mesa, tomando sua sopa, Jonas ouvia suas filhas falando da melhora da mãe. Ele agradecia a Deus. Alimentava-se mais por necessidade do que por prazer. Assim que terminou, informou às filhas que iria ao centro espírita. A filha mais nova pediu:

— Pai, pelo amor de Deus, tome cuidado. Nós ficamos preocupadas ao saber que o senhor anda sozinho por aí à noite.

— Filha, eu não vou sozinho. Vou e volto com Deus e com eles!

— Isso mesmo, filho – respondi.

— Vamos acompanhar Jonas até o centro? – perguntei a André.

Ele gostou da minha sugestão. A noite estava bonita, o céu estava estrelado e uma brisa gostosa envolvia a Terra. Estávamos perto do centro espírita quando o nosso aparelho de chamadas tocou – era nosso superior que solicitava nossa presença com urgência.

Abracei meu filho e desejei a ele um bom trabalho, pois infelizmente nós não poderíamos acompanhá-lo.

Nosso instrutor nos enviou para ajudar no resgate das vítimas de um grande terremoto. Foi triste e doloroso ver tantas crianças soterradas, seus corpinhos ensanguentados, mas muitos saíam vivos dos escombros.

Fomos incumbidos de ajudar as equipes de socorro espiritual e os irmãos trabalhadores encarnados a retirar os vivos. Também era necessário cortar o cordão de prata daqueles que haviam desencarnado, encaminhando-os ao tratamento adequado.

Terminado o nosso trabalho na Terra, fomos até a crosta terrestre ajudar a reconhecer alguns irmãos da tragédia, pois eles haviam entrado em pânico, não se lembravam de onde vieram ou quem eram. Quando terminamos nossas tarefas e voltamos à Terra, procurei por meu filho Jonas. Encontrei-o no cemitério em silêncio, olhando para a cova da esposa com muita tristeza, chorando.

Abracei-o e também chorei. Então, Maria viajou, libertou-se do seu peso físico. Eu iria pedir autorização ao meu superior para obter notícias dela. Incentivei Jonas a voltar para casa dizendo mentalmente a ele:

— Jonas, meu filho, vamos para casa! Sua mãe está bem, tenho certeza, vá descansar...

Após a morte da esposa, Jonas não foi mais puxar as redes no mar. Não queria falar com ninguém, alimentava-se mal e também ficou de cama. Fazia seis meses que ele não ia mais ao centro espírita. Os irmãos que trabalhavam com ele lá vinham visitá-lo sempre. Queriam levá-lo de carro, mas ele recusava alegando estar cansado.

No fundo, Jonas estava muito triste. Falava para ele mesmo que havia perdido todas as pessoas que amava. Perdeu sua esposa, seu pai, que nem conheceu, seu mentor espiritual, que tanto amava. Pensava que ele o havia abandonado, pois nunca mais voltou. Naquele momento só queria mesmo esperar pela morte. Fui ao ouvido do meu filho e falei:

— Jonas, você está errado, filho! Não pode pensar assim. O seu mentor está trabalhando por nós. Ele não nos abandonou. Você está tentando se matar, isso não é correto, meu filho. Levante-se dessa cama, vamos andar um pouco. Vamos até o mar? Vamos sentar naquela pedra e esperar o barco que traz seus companheiros? Já pensou, Jonas, a alegria que sentirão ao vê-lo?

Ele sentou-se na cama, calçou as sandálias e foi até a janela. Olhou para o céu, que estava azul, vestiu-se rapidamente e resolveu sair.

A filha ficou feliz em vê-lo, mas, ao mesmo tempo, preocupada.

— Pai, o senhor vai sair? – perguntou ela, aproximando-se dele.

— Vou esperar pelo barco. Fique tranquila, está tudo bem, logo estarei de volta.

— Isso mesmo, filho, vamos andar!

Saímos lado a lado, os vizinhos o cumprimentavam. Todos estavam contentes em vê-lo.

Chegando à praia, falei perto dele:

— Vamos sentar ali, naquela pedra? Quantas vezes você já se sentou nela?

Ele pensou: "Engraçado, vivi aqui minha vida toda e nunca me sentei naquela pedra... Vou me sentar lá e esperar o barco chegar". Sentei-me ao seu lado e lhe disse no ouvido:

— Filho, nesta pedra eu encontrei o nosso mestre Pedro e você. Este lugar é sagrado para nós. Fico muito feliz por você ter me ouvido e vindo até aqui. Você é um médium, filho, um bom médium. Vamos voltar para aquela casa onde você sempre foi tão bem recebido!

Ele, olhando para as ondas do mar batendo nas pedras, resolveu que no outro dia faria uma visita ao centro espírita para agradecer por todos os cuidados e pelo carinho que vinham tendo com ele.

Quando o barco aportou, o coração do velho pescador bateu forte. Sentiu saudades de sua chegada à praia, imaginou-se ao lado dos companheiros. "Ah! Amanhã mesmo vou voltar para o mar! Não vou esperar sentado a morte chegar. A hora que ela quiser me levar, que vá ao meu encontro onde eu estiver!".

Arrancou as sandálias dos pés e foi até a beira-mar. Os colegas fizeram uma festa ao vê-lo.

— Amanhã estarei aqui às cinco horas em ponto esperando vocês para irmos puxar nossas redes – disse Jonas.

Um dos amigos pescadores que estavam abraçados a ele respondeu:

— Este é o velho Jonas! O guerreiro do mar! Você estava fazendo uma falta danada, Jonas. Estamos acostumados com você. E a falta das suas histórias, então? Duvido que vá nascer outro pescador que conte tantas mentiras quanto você! – e foram só risadas.

Naquele dia, meu filho voltou para casa tranquilo, jantou bem e avisou para a filha que ia voltar ao mar.

— Mas, pai, o senhor não precisa mais fazer força. Nós não queremos que o senhor se mate de trabalhar! Queremos vê-lo bem, mas não se matando de trabalhar! O senhor não precisa mais disso.

— E quem é que vai se matar de trabalhar? – respondeu ele. – Eu estou indo ao mar para me divertir. Passei mais tempo da minha vida dentro de um barco, em alto-mar, do que dentro de uma casa, em terra. Eu estou louco para dar um mergulho. Ah! À noite eu pretendo ir ao centro espírita, você quer ir comigo, filha?

— O senhor vai mesmo, pai? – perguntou a moça de olhos arregalados pela surpresa.

— Sim, minha filha. E não vou por necessidade, não! Estou indo mesmo por gratidão e saudades; sinto muita falta de todos.

— Eu vou com você, pai. Estou morrendo de saudade e também sinto falta dos trabalhos espirituais. Depois que a mamãe partiu, hoje é a primeira vez que, de fato, sinto alegria em meu coração. Primeiro, vendo o senhor tão bem disposto e, segundo, porque sei que isso é tudo o que ela quer: ver nossa família em paz.

Deixei os dois conversando animadamente e fui ao encontro de André. Ele estava junto de mais dois irmãos, aguardando-me do lado de fora. Após cumprimentá-los, um deles me entregou uma carta, dizendo que foi o nosso superior que a enviou.

Abri-a rapidamente, e lá estava escrito: *José, graças a Deus tudo correu muito bem. Enquanto você prestava um grandíssimo trabalho espiritual, nós cuidamos da Raquel. Conforme combinado, amanhã, às 15 horas, ela entrará no cartório para assinar o livro com o nome de casada. Gostaríamos que você pudesse comparecer e fazer a vez do pai!*

Meu Deus! Raquel iria se casar! Fiquei sem ação. Se o mestre Pedro aparecesse naquele momento, o que diria a ele? Nada sabia da pessoa com a qual ela se casaria. Mas, enfim, eu precisava me apressar. Faria uma visita a ela naquela mesma noite.

Encontrei Raquel mais bonita do que nunca. Arrumava as malas, pois ia viajar em lua de mel com o marido para Europa.

Lúcia estava com ela, ajudava a arrumar seus pertences pessoais.

— Raquel – disse Lúcia –, vamos deixar fora todas as roupas que você ainda vai precisar. Vai usar este para ir ao centro? – perguntou, apontando para um vestido claro, muito bonito.

— Sim, foi esse vestido que eu escolhi. Eu e o Anderson vamos vestidos com a mesma cor, foi ele que sugeriu.

— Bem, filha, eu espero vocês lá. Não se atrasem, por favor. Você sabe que os trabalhos espirituais são pontuais e que atrasos não são permitidos. – E completou: – Ah! Não se esqueçam das alianças, por favor!

— Mamãe – disse Raquel –, como vamos esquecer se já estaremos com elas nos dedos da mão esquerda? Esqueceu-se de que vamos ao cartório às 15 horas?

— Tem razão, filha, acho que eu estou mais nervosa do que você!

Então, Raquel também receberia uma bênção no centro... Fiquei feliz com a notícia. Retirei-me do quarto, deixando as duas discutindo o que Raquel deveria levar na viagem.

Recebemos um chamado para ajudar em um hospital público, pois precisávamos cobrir o plantão de dois trabalhadores que tiveram de se afastar para cumprir outro trabalho missionário. Chegando lá, fomos recebidos pelo coordenador espiritual, que nos levou para as salas de consulta. Na última sala estava sendo atendida uma senhora de idade, com problemas respiratórios. O médico que fazia o atendimento era muito simpático. Solicitou à enfermeira que aplicasse imediatamente uma inalação, enquanto ela tomava soro com o medicamento apropriado.

Simpatizei-me com o médico de imediato, pois era atencioso e prestativo com todos os pacientes. Ele retirou o jaleco, arrumou sua mala de primeiros socorros e começou a despedir-se dos colegas de trabalho.

O médico chefe, brincando, falou:

— Anderson? Tem certeza de que vai poder se casar hoje? Ainda bem que a Raquel é médica também, ou então você ia ter problemas! Passou a noite toda trabalhando. Quando cair na cama vai mesmo é dormir! – e abraçou-o desejando felicidades.

Seria possível? Aquele era o noivo de Raquel? Graças a Deus! Era um rapaz maravilhoso.

Deixamos o hospital e saímos conversando pela avenida, observando o corre-corre diário dos encarnados. À tarde, eu esperava por Raquel em frente ao cartório. Vi o médico chegando, acompanhado pela família e por amigos.

Não demorou quando muito vi Raquel chegando com Lúcia, seu marido e alguns amigos.

Entramos. Acompanhei o casamento ao lado de Raquel, e abracei os dois desejando felicidades. Chorei emocionado, querendo que o mestre Pedro estivesse ali presente, naquele dia tão especial da vida dela.

Fui até a beira do mar. Fiquei sentado na nossa pedra sagrada, refletindo sobre a minha vida. Desejei tanto vir para a Terra e rever o que tinha deixado. Agora estava ali trabalhando e vendo que, aos poucos, os meus deixavam a Terra e voltavam para casa. E eu? O que faria depois de todos partirem? Queria tanto reencontrá-los que já começava e me perguntar o que faria perto deles! Todos em breve retornariam para casa. Fiquei ali matutando, até avistar o barco dos pescadores. Corri até a beira-mar, ajudei-os a puxar o barco. Jonas estava animado. Os amigos riam, e um deles disse:

— Jonas, essa mentira de pescador que você contou hoje é a maior de todas! Onde já se viu um peixe que deu para mais de três mil pessoas comer e o que sobrou ainda dava para alimentar mais de mil! Se nós pescássemos um peixe desses não precisaríamos mais voltar para o mar! Bem, mas quem conta essa história é Jonas! O homem que foi engolido por uma baleia e voltou para nos contar sua aventura! – e todos riam como crianças.

Após arrumarem todos os pertences, despediram-se e cada um seguiu o seu rumo. André, que estava ao meu lado, perguntou-me:

— Vamos acompanhar Jonas?

— André, eu acho melhor andarmos por aí e ajudarmos quem estiver precisando. Vamos encontrar Jonas na entrada do centro, não será melhor assim?

— Tem razão – respondeu ele.

Nas ruas, ajudamos as pessoas distraídas que andavam no meio dos carros, tristes, magoadas ou perdidas. Já eram 18h40 quando André me lembrou de que deveríamos ir ao centro espírita. Saímos apressados.

Quando nos aproximávamos do quarteirão, avistamos uma fila que não tinha fim. Chegando mais perto, constatamos que se tratava de espíritos recém-libertados, que ainda conservavam a aparência humana.

André parou e falou alto:

— O que é isto? Você está entendendo alguma coisa?

— Não, não tenho a mínima ideia! Justo hoje, que é o retorno de Jonas à casa para assumir novamente o seu trabalho, e é também o casamento de Raquel. Eu sinceramente não sei o que fazem aqui esses irmãos peregrinos! Vamos esperar Jonas e Raquel, então entraremos com eles.

Eram tantos espíritos feridos, magricelos, deformados que nos dava pena ver. Mas eu estava mesmo era preocupado com Jonas e Raquel. Enquanto olhávamos a multidão de espíritos entrando na casa, perguntei-me: "Haverá espaço para tantos? É um exército!". Ficamos do outro lado da rua observando, sem entender nada!

Quatro jovens brincavam. Estavam descascando laranjas e jogando a casca em uma árvore. Faziam apostas, brincando: se a casca ficasse pendurada na árvore, era vitória; se caísse no chão, derrota. De repente, um dos jovens jogou uma casca que atingiu o meu rosto em cheio. Os amigos começaram a rir. Um deles, olhando na minha direção, disse:

— Se não fosse aquela porcaria ali no meio eu teria acertado!

Eu já estava nervoso pensando em Raquel e em Jonas que não chegavam, e aquele exército de mendigos vindo só Deus sabe de onde poderia atrapalhar os eventos. Na hora fiquei inflamado com aquelas palavras. Além de eu levar uma pancada no rosto, ele ainda me chamou de porcaria! "Vou dar uma lição nesse moleque! Ele precisa aprender a respeitar as pessoas", pensei com raiva.

Quando fui ao encontro dele, disposto a corrigi-lo, ouvi uma voz familiar atrás de mim:

— José? Eu não acredito no que estou vendo e ouvindo! A porcaria que o rapaz mencionou era a linha de uma pipa! Olhe aí na sua frente! Ele não o ofendeu, mesmo porque nem vê você!

Parei no lugar onde estava. Alguém continuou falando:

— Além disso, nunca ouvi falar de uma casca de laranja que machucasse o corpo espiritual de um espírito com tanta Luz! Fiquei com medo de me virar, aquela voz era do mestre Pedro...

— Pode virar-se, José! Do que está com medo? Ele estava diante de mim, de braços abertos. Abracei mestre Pedro chorando. A emoção foi grande demais. Percebi que ele estava mais luminoso do que antes, parecia flutuar.

— Mestre, é o senhor mesmo? – perguntei, ainda confuso. Era bom demais revê-lo, parecia um sonho.

— Aconteceu alguma coisa com os seus olhos ou eu mudei tanto assim? Nem me tocando você acredita em mim? – respondeu ele rindo.

"Em um dia tão importante para nossos filhos, ele retorna!", pensei, chorando de alegria.

Nervoso, eu me lembrei de André:

— André, venha aqui, filho! Este é o mestre Pedro! – André tremeu ao olhar para o mestre Pedro. Estava tão emocionado quanto eu.

— Bem, vamos tomar o nosso lugar? – convidou-nos mestre Pedro, passando os braços em nossos ombros.

Eu, ainda trêmulo, respondi:

— Mestre, nós esperávamos por duas pessoas importantes para entrar com elas.

O mestre, olhando para mim, respondeu:

— Vocês só vão entrar por causa dessas duas pessoas?

— Não, senhor! – respondi, titubeando nas palavras.

— Então vamos entrar e ajudar no que é preciso. Vamos esperar por todas as pessoas lá dentro. Ao entrarmos, foram muitos abraços e felicitações dos trabalhadores da casa recebendo o mestre.

A sessão foi aberta, meu filho Jonas estava sentado em uma cadeira perto da mesa, no meio de outras pessoas. Lúcia, Raquel e o esposo, de mãos dadas, também estavam próximos.

Mestre Pedro suavemente envolveu meu filho em uma nuvem de Luz, misturando-se a ele de tal forma que não dava para separar um do outro. Cada palavra dele tocava o coração das pessoas como o bálsamo em uma ferida. Ele abençoou as alianças, abraçou Raquel e o marido, abraçou um por um.

Foram momentos de muita emoção. Meu filho Jonas chorava como uma criança que recebe um lindo presente na noite de Natal.

Ao terminar a sessão, os trabalhadores encarnados se retiraram, ficando os mestres e os voluntários. Mestre Pedro pediu a atenção de todos e apresentou um jovem, dizendo:

— Meus queridos irmãos, eu quero apresentar a vocês o nosso ilustre irmão Eduardo e o seu exército de servidores.

Todos os aplaudiram, desejando-lhes sucesso em sua missão. Eduardo, um jovem de irradiante beleza, tinha traços orientais. Ele agradeceu a todos:

— Meus caros irmãos, eu não tenho palavras para expressar a felicidade e a gratidão que tenho por Deus, por Pedro e por vocês todos. Passei anos lutando ao lado destes irmãos em estradas escuras e tortuosas, levados pela ignorância e pelo egoísmo. Mergulhei em um mar de sofrimento, arrastando muitos irmãos comigo. Foi a bondade de Deus e a misericórdia de irmãos como Pedro que me fizeram enxergar o lodaçal que encobria a minha alma. Perdoem-me por tirar do seu convívio uma alma pura e generosa como Pedro. Causei a ele muitos transtornos e aborrecimentos. Lutei para apagar sua Luz, pois, cego, não tinha noção de que a Luz de Deus não se apaga jamais! Estamos aqui para mostrar a todos vocês que o bem sempre vence o mal. Fomos curados da nossa cegueira espiritual! Precisamos ainda nos recuperar de muitas moléstias no espírito, porém estamos confiantes em Deus. Estamos de passagem por aqui, pois vamos ingressar nas escolas espirituais e nos preparar para atuar ao lado de vocês, servindo ao nosso Criador.

Aquele foi um momento de muita emoção e reflexão.

Após a apresentação do irmão Eduardo, mestre Pedro me chamou e perguntou:

— José, você pode nos auxiliar?

— Claro, mestre! Com todo o prazer.

— Vamos ajudar a transportar estes nossos irmãos. Várias equipes de socorro que se propuseram a colaborar conosco já chegaram. Vamos acomodar todos em segurança.

A minha alegria era tanta! Trabalhava e ao mesmo tempo me lembrava das maravilhas dos últimos tempos: Maria voltou para casa; Raquel estava casada e amparada; Jonas estava sob a proteção de Deus e do mestre Pedro; meus pais, filhos e netos estavam todos se reestruturando espiritualmente. O mestre Pedro estava de volta entre nós! Isso era tudo o que eu mais desejava.

O dia clareou e nosso trabalho foi concluído! Mestre Pedro chegou perto de mim e disse baixinho:

— André acompanhou o nosso irmão Eduardo até a colônia, onde ele deve se apresentar. Eu estou ansioso para ir até a beira do mar e sentir o frescor de suas águas. Hoje é o nosso dia de folga, estou certo?

— Sim, o senhor está certo.

— Vamos caminhando entre a multidão? Não temos pressa, pois não cansamos o nosso corpo espiritual! Então, vamos andando!

— Concordo plenamente com o senhor – respondi.

Fomos até a beira do mar. Os pescadores saíam com seus barcos, e ouvimos um jovem pescador chamando:

— Seu Jonas? Vem logo, homem de Deus! Nós vamos buscar peixe fresco, e não frito pelo sol!

— Calma, menino! Que homem do mar não pode viver preocupado com o tempo!

— Pois é, seu Jonas, eu preciso aprender com o senhor as artimanhas do mar... – respondeu o rapaz.

Mestre Pedro apenas observava os pescadores sem nada falar. Os primeiros raios de sol formavam uma coroa cor de rosa que parecia sair das águas do mar. Um espetáculo divino!

Mestre Pedro, tocando meu braço, perguntou:

— José, você tem visitado nossa cabana?

— Não, senhor. Durante a sua ausência não voltei nenhuma vez – respondi.

— Acho que ainda posso desfrutar do conforto daquela cabana; que tal irmos até lá? – falou mestre Pedro.

Saímos volitando, e subimos montanha acima. O perfume das plantas cobertas pelo orvalho da noite enchia nossos pulmões. Na cabana, fiz questão de purificá-la. Perguntei ao mestre Pedro:

— O senhor aceita um café com pão?

— Aceito, claro! Adoro café com pão – respondeu ele.

Sentamos um de frente para o outro. Foi mestre Pedro quem começou a falar:

— José, você deve estar se perguntando de onde veio toda aquela gente e, principalmente, quem é Eduardo, não é mesmo?

— Bem, mestre, não posso negar que estou curioso – respondi.

— Antes de falar sobre eles, quero falar da nossa última conversa na colônia, lembra-se?

— Sim, lembro.

— Nós falamos sobre ganhos e perdas, certo? Nós ganhamos, José! Vencemos a batalha! Eu demorei mais tempo do que imaginava, porém todo o nosso esforço foi recompensado. Vocês que dividiram comigo essa empreitada de resgate são vencedores e merecedores de muitos bônus espirituais.

Ficamos horas e horas conversando. Mestre Pedro me disse que, antes de vir ao centro espírita, tinha visitado a nossa colônia e que o nosso mentor se encarregou de me entregar uma mensagem. Aflito, abri o envelope, li a notícia que estava na carta. Eu deveria me apresentar na colônia Sagrado Coração de Jesus para tratar de um assunto de meu interesse. Meu coração disparou: "Senhor Deus, teria vencido o meu tempo espiritual, precisaria reencarnar? Seria isso?". Fiquei sem fala.

Percebendo a minha desorientação, mestre Pedro acrescentou:

— Eu o acompanho até a colônia, José! Ainda não terminei de contar a você sobre o Eduardo! Você não quer saber?

— Claro que quero, senhor – respondi.

— A minha história com Eduardo começou muitas vidas atrás. Eu, um simples servidor, me apaixonei pela filha do temido dragão chinês! Fui preso e torturado pessoalmente por ele, e por fim ele mandou me matar. A filha, sabendo do que ele me fez, revoltou-se, passando a odiá-lo. Em outra passagem, ele foi um camponês que sacrificou às ocultas duas filhas, pois queria um filho homem! Sua esposa tornou a engravidar, e nasceu mais uma menina, mas daquela vez ele teve uma ideia melhor: a menina seria vendida! Então, arrumou um comprador para sua filha! Entregaria a menina, educada nos costumes chineses, assim que acontecesse a primeira menstruação. O seu dono era o filho de um outro camponês. O pai do menino ia toda semana verificar se, de fato, tinha feito uma boa compra para seu filho. A menina cresceu, linda como uma flor de lótus. Foi nessa época que nos encontramos à beira de um lago, onde ela lavava roupas. Raptei a filha do camponês. Fugimos para outro país, nunca mais tivemos notícias dele. Só no mundo espiritual fiquei sabendo que ele teve que entregar suas terras com tudo o que havia plantado, e que sua mulher foi entregue como escrava para repor o prejuízo da família enganada. Ele foi acusado de roubo, preso e condenado por não ter zelado a mercadoria humana, pois ele havia sido pago por isso. Ele desencarnou odiando a filha, ingressando no baixo-astral disposto a encontrá-la, assim como seu raptor. O seu ódio aumentou quando descobriu que o raptor e causador de tantos sofrimentos em sua vida era eu! Como uma fera machucada, abriu uma guerra espiritual contra nós dois.

E mestre Pedro continuou sua história:

— Voltamos várias vezes, sempre duelando. A cada encarnação voltávamos ao plano espiritual mais feridos e endividados. Mas, em uma de nossas encarnações, voltamos lado a lado como irmãos gêmeos. Foi um desastre espiritual! O nosso propósito era nos aproximar de Raquel, que se casaria com ele, e eu com a sua mãe. E, assim, viveríamos juntos em harmonia, nos ajustando em família. Conhecemos Raquel em um baile de debutantes, mas nós dois nos apaixonamos por ela e aí começou o nosso inferno. Obedecendo ao roteiro espiritual, Raquel escolheu meu irmão, e não a mim! Entrei em uma paranoia, senti-me traído pelos dois. Passei a fazer planos para matá-lo. Tentei algumas vezes sem sucesso. Em uma caçada, fiquei escondido e atirei nele;

mirei no coração e atirei com muito ódio. Mas ele carregava uma medalha que Raquel havia lhe dado, e a bala passou de raspão. Em uma de nossas viagens em família, coloquei óleo de mamona no seu doce. Ele ficou vomitando e com diarreia, e isso o prendeu em casa. À noite, enquanto nossa família havia saído para uma festa, voltei e coloquei fogo na casa com ele trancado dentro. Porém, alguém conseguiu entrar e retirá-lo ainda respirando. Nada que eu tramasse dava certo; parecia que ele tinha uma proteção diabólica! De uma coisa eu sabia: ele não se casaria com ela! Raquel tinha uma irmã que tentou aproximar-se de mim, mas eu não queria saber dela! Estava obcecado por Raquel. Era ela que eu queria, e não sua irmã, que fisicamente era mais bela do que ela! Os dois marcaram o casamento, naquela época eu servia no Exército como capitão, praticamente não aparecia em casa. Eu acordava e passava todas as horas do meu dia ligado ao meu irmão: planejando como matá-lo! Odiava aquela criatura mais do que tudo em minha vida. Deixei o cabelo e barba crescerem para não olhar a mim mesmo e lembrar-me dele, pois éramos idênticos fisicamente.

Assim, o mestre prosseguiu:

— Era véspera de Ano-Novo, e fui passar em casa. Minha mãe se desdobrava para me agradar, e lá estavam os dois juntos, trocando olhares amorosos, meu irmão e Raquel. Comecei a beber e logo dividia o copo com Sara, que, já embriagada, confessou estar apaixonada por meu irmão. Contou-me que os dois tiveram momentos inesquecíveis, mas ele lhe disse que amava mesmo Raquel.

No entanto, se ela aceitasse ser sua amante, ele manteria em segredo o relacionamento amoroso. O ódio invadiu a minha alma! O canalha queria ter as duas mulheres presas a ele. Como poderia amar Raquel, se dividia seu amor com outra? Tive vontade de gritar para todos, mas algo me segurou a voz. Passei a noite gargalhando e bebendo enquanto articulava um plano. Dancei com Sara a noite toda e percebi que o meu irmão sofria com isso. Enquanto me divertia com Sara, pensava: "Quem sabe, Sara não seria o canal que me levaria a Raquel?". Sabendo do segredo dos dois, armaria um encontro entre eles e levaria Raquel para ver com os próprios olhos quem era o seu noivo! Assim fiz. Faltavam duas semanas para o casamento. Fingindo que estava conformado, aproximei-me de Raquel e de sua irmã. Incentivei e facilitei o encontro dos dois; meu irmão não desconfiava que eu conhecia o seu grande segredo. Pedi à Sara que não contasse a ele que eu sabia, pois ele não iria se sentir bem. Em uma tarde bonita e ensolarada, enquanto Sara esperava por ele em uma das casas dos lavradores da fazenda do nosso pai, eu fingia estar feliz com o casamento deles, e convidei Raquel para conhecer o seu presente de casamento. Ela confiava em mim, olhava para a minha farda com respeito. Sugeri que descêssemos dos cavalos e fôssemos a pé até a casa dos colonos. Entramos na casa em silêncio. Eu sabia qual era o quarto em que eles estavam. Deixei tudo preparado, abri cuidadosamente a porta e lá estavam eles! Foi um escândalo em nossa família: Sara foi deserdada, Raquel entrou em depressão, nossas famílias entraram em guerra.

Meu irmão foi morto em uma emboscada. Havia momentos em minha vida em que eu me arrependia de ter feito o que fiz! Não fiquei com Raquel, pois não podia mais vê-la, nem de longe. Além disso, joguei outra pessoa pelas estradas da vida, sua irmã Sara. E meu irmão gêmeo? Dele eu não sentia pena nem tinha remorso pelo que fiz, pois ele mereceu a morte que teve.

Sem que eu interrompesse, mestre Pedro continuou contando:

— Depois dessa passagem entre nós, não vi mais Raquel no plano espiritual. A última notícia que tive dela, foi que estava internada em um hospital espiritual para doenças mentais. Eu e Eduardo voltamos sem Raquel, nos encontramos como dois generais. Nosso propósito era proclamar a paz. Mas nós dois fizemos o contrário: criamos uma grande guerra envolvendo o mundo, as nações. Eu lutava de um lado, e ele, do outro. Nosso propósito maior era o ódio que sentíamos um pelo outro! Fizemos muitos inimigos espirituais, pois aqueles que ele destruía passavam para o meu lado, e vice-versa. Voltamos muitas outras vezes. Sem Raquel, eu fui me aquietando, mas ele, não! Assim que descobriu que eu havia me reajustado, buscando por Raquel, ele se empenhou em procurá-la para vingar-se de mim. Acabei a perdendo. Passei anos tentando encontrá-la no meio dos destroços de minha alma. Foi através dos olhos de Eduardo que a reencontrei e, para me equilibrar como espírito, precisava resgatar o seu pai e todos aqueles que empurrei para baixo. Para chegar até Eduardo, precisei convencer cada um daqueles irmãos a se voltarem para a Luz. Não foi prendendo os seus seguidores que fechei a sua organização, mas, sim, usando a maior arma que recebi de Deus: *amor* e *paciência*.

Pedro passou a contar sobre o exército de Eduardo:

— Em uma das mais temidas zonas do Umbral centralizava-se a sede do exército comandado por Eduardo. Espíritos inteligentes e conhecedores das trilhas do sofrimento ampliavam as estradas do Umbral à Terra, praticando maldades e espalhando dor entre muitos irmãos carentes de Luz, como aquele que foi pai biológico de Raquel. O resto da história você já conhece! Através de você encontrei Raquel, e através dela foi fácil chegar até Eduardo. Acredito que desta vez conseguimos unir o nosso exército e proclamar a paz! Ele irá se apresentar na colônia amanhã, e eu quero estar presente, pois dividiremos bônus e prejuízos. Você, José, que sempre esteve entre nós, foi um instrumento muito importante na reconstrução de nossas vidas.

Eu ouvi tudo em silêncio e estava pasmo! Eles lutaram todo esse tempo por um amor? Então, tudo o que eu vinha aprendendo era verdadeiro: o amor sempre vence! Mestre Pedro venceu a guerra espiritual usando o seu amor.

— Você ainda acredita que sou um espírito iluminado, José? – perguntou-me mestre Pedro.

— Sim, acredito, pois neste momento o seu coração irradia muita Luz, e só um espírito iluminado é capaz de fazer o que o senhor fez! Eu me sinto orgulhoso e honrado em tê-lo como mestre.

— Obrigado, José, pela sua amizade e companheirismo. Vamos nos despedir do casal antes de eles partirem para a viagem de lua de mel? – disse ele de pé, animado.

— Vamos, sim – respondi.

Raquel e o marido viajariam para o exterior. Mestre Pedro abraçou o casal, beijou a fronte de Raquel. Ela estava muito feliz. Seu esposo, alegre e bem-humorado, enquanto tomava um copo d'água, comentou:

— Raquel, a água que nós bebemos no centro espírita tinha o seu cheiro!

— Que cheiro? – perguntou ela.

— De remédio! – respondeu ele, correndo para não receber as represálias carinhosas de Raquel.

Passamos na casa do meu filho Jonas e depois visitamos outros parentes e amigos. O sol já se escondia quando chegamos à beira do mar. Os pescadores limpavam os barcos e arrumavam seus pertences. Meu filho Jonas estava ofegante, parecia cansado, tentava brincar com os outros disfarçando e escondendo o que de fato estava sentindo. Ele havia acordado com umas pontadas no peito, mas não deu importância e até se esqueceu quando chegou à beira do mar. Não reclamou para os amigos, que insistiram para que ele comesse alguma coisa; ele recusou, dando uma desculpa qualquer.

Fiquei preocupado com ele e olhei para mestre Pedro, pedindo socorro. Ele calmamente acionou o aparelho de chamadas espirituais. Logo vi dois enfermeiros chegando com uma maca. Um deles cumprimentou mestre Pedro e perguntou:

— O senhor não vai precisar de ajuda médica?

— Não, meu jovem – respondeu mestre Pedro –, obrigado, mas não há necessidade.

Mestre Pedro foi para perto de Jonas. Ele colocou a mão no coração de Jonas, que tombou nos braços do mestre. Corri até eles.

— Calma, José – disse mestre Pedro. – Ajoelhe-se, ore com toda a sua fé.

Assim fiz. Ajoelhei-me e fiquei implorando pela ajuda de Deus e de todos os divinos mestres. Os enfermeiros colocaram Jonas na maca. Mestre Pedro massageou o seu peito, ele suspirou. Os pescadores tentavam fazer de tudo no corpo físico de Jonas; um deles saiu correndo em busca de socorro.

Jonas abriu os olhos, já no novo corpo. Queria levantar-se, mas mestre Pedro disse-lhe baixinho:

— Ainda não se levante. Vou desligar o seu corpo físico e, aí sim, poderemos caminhar, voar, fazer o que quiser!

— Mestre Pedro? O senhor veio me buscar, meu pai?

— Fique calmo, feche os olhos para o mundo. Quando eu cortar o cordão que prende o seu corpo carnal, você receberá novos olhos, que o conduzirão à sua nova morada.

Feliz, ele fechou os olhos. Um raio de luz prateada brilhou forte, parecia um relâmpago.

— Venha – disse mestre Pedro, estendendo a mão.

Jonas, levantando-se, abraçou mestre Pedro sorridente e, virando-se para mim, ficou um tempo parado me olhando. Depois me abraçou e, brincando, disse:

— Eu ainda não sei quem é o amigo, mas, mesmo assim, obrigado por estar aqui!

Mestre Pedro pediu que ele se deitasse na maca. Ele protestou, dizendo que estava bem, que podia andar.

— Obedeça-me ou vou deixá-lo aqui! – disse o mestre em tom de brincadeira.

Antes de se deitar na maca, Jonas perguntou:

— Mestre, o meu corpo vai ficar na areia desse jeito?

— De que jeito? – respondeu mestre Pedro.

— Ah, mestre, assim, sem vida! E meus companheiros nessa agonia toda... E meus filhos quando chegarem aqui? Eu morri, não foi, mestre?

—Tenha calma, Jonas, o seu corpo não vai ficar jogado na areia, não! Seus companheiros irão velar por ele, seus familiares entenderão a sua ausência física. Tudo está sob controle. E você não morreu, senão como estava aqui falando comigo?

Mestre Pedro deu sinal aos dois enfermeiros. Uma ambulância espiritual já baixava. Todos nós entramos e seguimos para a colônia onde eu deveria me apresentar.

No caminho, Jonas teve um acesso de choro; tocava-se com as duas mãos e repetia:

— Eu morri! Eu morri! Não vou mais pescar! – o enfermeiro aplicou uma injeção que o fez dormir.

Chegamos à colônia e uma equipe médica já aguardava por nós. Reencontrei entre eles velhos amigos que me deram as boas-vindas. Jonas foi acomodado. O médico que o examinou nos disse que o seu estado era excelente e que aqueles sintomas apresentados na viagem são comuns a todos os espíritos. Levaria algum tempo até ele se desligar mentalmente da Terra, mas logo ele estaria recuperando sua memória espiritual.

Fiquei olhando para Jonas e lembrando que ele havia reconhecido Pedro, mas a mim não! O médico, ouvindo meus pensamentos, respondeu:

— José, a maioria dos médiuns têm a imagem dos seus mentores gravadas em sua mente. Assim que desencarnam, essas imagens não são apagadas, e por isso o mentor é reconhecido se estiver presente no desencarne. No seu caso, ele poderá acordar e o reconhecer, ou demorar mais algum tempo para reconhecê-lo em seu novo estado mental. As últimas imagens que ele tinha eram dos companheiros, dos filhos e amigos encarnados. Espiritualmente ele estava ligado a Pedro.

Deixamos Jonas descansando e saímos, olhando para o jardim, a horta e o pomar. Senti um aperto no coração! Quantas saudades... Trabalhei ali como interno, estudei e me preparei para a vida, depois trabalhei como voluntário. Eu amava aquela colônia como meu verdadeiro lar espiritual.

Mestre Pedro, tocando meu ombro, disse:

— Ânimo, homem! Ainda é cedo, o que você acha de procurarmos nossos superiores?

— Preciso enfrentar essa realidade hoje ou amanhã, por isso é melhor irmos de uma vez!

Entramos na secretaria e tivemos uma recepção calorosa do pessoal que trabalhava lá:

— Vamos entrando, gente! Que alegria ver esses dois juntos novamente!

Os nossos superiores nos mandaram entrar, e fomos recebidos com um abraço caloroso. Eles nos deixaram à vontade. O índio pegou um envelope e me passou, dizendo:

— Pode abrir, José, por favor.

Enquanto eu tremia abrindo a carta, todos faziam silêncio. Comecei a ler. As lágrimas caíam dos meus olhos, molhando o papel.

Ali estava escrito:

Em uma reunião solicitada por Pedro, tendo este apresentado prova concreta sobre os serviços prestados por José Carlos em várias modalidades espirituais, fazendo o intercâmbio entre os dois planos, foi decidido por unanimidade que José Carlos passará a servir nos locais citados a seguir por tempo indeterminado, ficando suspenso e arquivado o seu processo de reencarnação.

O mesmo será supervisionado por Pedro, que assume responsabilidade espiritual por ele nos seus trabalhos desenvolvidos em todas as esferas.

Levantei-me e abracei Pedro, suspendendo-o no ar! Descobri que ele pesava menos que uma pena, mesmo com todo aquele porte espiritual! Depois, abracei cada mentor ali presente.

Agradecemos a eles e saímos em seguida. Comecei a rir e a falar alto:

— Eu estou livre! Sou livre!

Mestre Pedro, passando o braço nos meus ombros, disse:

— Cuidado porque eu sou o seu chefe! Isso o que você está fazendo é um ato de indisciplina! Quer causar ciúmes e inveja naqueles que ainda têm contas a acertar?

Calei-me na hora e olhei para os lados. Realmente havia muitas pessoas trabalhando ali, como internos e voluntários.

Mestre Pedro, querendo rir, disse:

— Que tal você ir andar por aí, por exemplo, na beira do lago para ver a lua se levantar no céu? Assim fico livre de você! Preciso mesmo visitar Eduardo e ver como estão as coisas por aqui. Nós nos encontraremos mais tarde.

— Obrigado, mestre Pedro. O senhor não é um guia, é um anjo! – respondi, cheio de felicidade.

— Falando em guia, José, amanhã mesmo o senhor deverá se matricular em um curso avançado para aprender a lidar com mediunidade, pois vai começar a incorporar para servir melhor aos nossos irmãos encarnados, sem utilizar as energias de outro mentor.

— Eu? – perguntei, de olhos arregalados.

— Você tem alguma noção do que faz um guia na Terra ao lado de um médium? – perguntou mestre Pedro.

— Sim, eu já vi o senhor incorporando muitas vezes, mas será que eu consigo? – falei, preocupado.

— José, vá olhar o lago, namore a lua cheia, beije todas as flores que encontrar pelos jardins e não me fale mais neste assunto hoje. Mas lembre amanhã, logo cedo, de me perguntar quando você deve começar suas tarefas – disse ele, e se retirou.

Comecei a andar em direção ao lago. Realmente havia tantas flores novas, tantos canteiros lindos e perfumados que dava gosto de ver. A lua apontava no céu, brilhante como uma bola de ouro. Seus raios iluminavam o lago.

Saí andando. Estava leve, feliz, em plena paz. Olhava para as águas do lago, iluminadas pela luz da lua. Ao passar perto de alguns arvoredos floridos, ouvi um *psiu*! Pela voz, era uma mulher.

Parei onde estava. Lá era uma colônia bem estruturada espiritualmente, portanto, todos os espíritos ali tinham consciência do que faziam. Estranhei uma mulher estar à beira do lago, escondida, mexendo com um homem!

Parei onde estava, não tive coragem de me voltar, ouvi uns passos leves vindo em minha direção e pensei: "Meu Deus! Ajuda-me! Será um teste dos mentores para ver se eu caio na armadilha?".

Duas mãos delicadas e perfumadas cobriram meus olhos. A mulher, encostando os lábios no meu ouvido, falou baixinho:

— Feche os olhos e adivinhe quem é!

Meu coração ficou acelerado, a voz não saía. "Deus, ajude-me!", era o que pedia em pensamento. Ainda com as mãos tapando os meus olhos, ela sussurrou no meu ouvido:

— Vire-se bem devagar, sem abrir os olhos. Se não gostar de me ver eu vou embora!

Virei-me devagar, atendendo ao pedido dela.

— Fique de olhos fechados, abra somente quando eu pedir – falava baixinho. – Pode abrir os olhos! – disse a mulher.

— Meu Deus! – gritei, pelo susto que tomei.

Acredito que, se eu tivesse encarnado, teria tido um enfarte e morrido ali mesmo. Mas, como eu já era um espírito, aguentei a emoção: era Maria! Linda, irradiava Luz e um perfume divino. Abracei-a, chorando. No meio daquelas flores, debaixo daquela lua e rodeada de tantas estrelas, ela estava ainda mais bonita!

O nosso reencontro no plano espiritual superava todas as minhas expectativas. À beira do lago, esquecemos o tempo. Abraçados, passamos a noite conversando. Iluminados pelo luar, abrimos o coração um para o outro. Falamos das nossas lutas e conquistas.

Perguntei se ela sabia de Jonas, e ela disse ter acompanhado a sua entrada na colônia, onde estava repousando, e logo estaria conosco. A nossa família estava voltando para casa.

Contei as novidades para ela: eu iria estudar para começar a trabalhar na Terra. Faria um novo trabalho caritativo e meu processo de reencarnação havia sido arquivado.

Maria sorriu e respondeu:

— Sabia que eu vou acompanhar o mestre Pedro e alguns candidatos a mentores espirituais na Terra? Fui indicada para exercer essa função. Serei uma assistente dos mentores!

Perguntei se ela também conhecia Eduardo, e ela me respondeu:

— Temos muitos Eduardos por aqui. Você está falando do chinês, amigo do Pedro?

— É esse mesmo! – respondi – O chinês, amigo do mestre Pedro, você o conhece?

— Claro! – respondeu Maria. -- Ele vai assumir as suas tarefas, ou melhor, irá substituí-lo.

— Como me substituir?

— Vou esclarecer: ele vai ocupar o seu posto ao lado de André.

— Fui despedido sem aviso algum? Não vou mais fazer o meu trabalho?

— Calma, José! Você vai iniciar outras tarefas, ou quer ficar por todo o sempre fazendo a mesma coisa? Esqueceu-se de que no plano espiritual, de tempos em tempos, fazemos um rodízio de atividades?

Calei-me e admiti que ela estava certa.

— Você já foi apresentado ao médium ao qual irá ligar-se em seus trabalhos espirituais? – perguntou Maria.

— Não, não tenho a menor ideia! Mas me fale uma coisa: para me ligar a um médium na Terra eu preciso fazer um curso de quanto tempo?

— Lá vem você com essa mania de tempo! Esqueça o tempo, meu amado, você tem uma eternidade pela frente! Mas, para lhe deixar mais tranquilo, vou explicar por alto. Afinal, não sou sua professora, mas posso falar algo sobre isso, pois já fiz o curso. O médium será chamado até aqui. Isso acontece quando ele se entrega ao sono, enquanto o corpo carnal descansa. O espírito virá à escola e vocês dois receberão muitos treinamentos, vão se preparar para trabalhar em plena sintonia! Então, quando chegar o momento da incorporação, os dois já se conhecerão muito bem. Tenha calma, pois é mais agradável do que você imagina. A sensação de voltar à Terra em um corpo doado por outro irmão é maravilhosa! Você sentirá as mesmas emoções espirituais no corpo carnal em que irá trabalhar. Essas dádivas de Deus são fantásticas.

A estrela da manhã brilhava intensamente no céu e as flores que cercavam o lago exalavam um perfume divino. Não sei se você, encarnado, pode imaginar e compreender a emoção refinada de dois espíritos livres e conscientes naquele cenário que estimula o amor de Deus entre seus filhos. Descobrimos o que verdadeiramente sustenta a Luz das almas: a força do amor.

Juntos em um só pensamento, em uma só irradiação de Luz, nós nos fortalecemos espiritualmente com o nosso amor. Ouvimos o primeiro toque chamando os irmãos para a primeira oração do dia; esse sinal nos fez levantar. Saímos de mãos dadas, entramos na sala de orações, encontramos mestre Pedro, Eduardo, André e outros amigos da nossa equipe de trabalho. Nós nos cumprimentamos com sinais, mantendo o silêncio que o local exige.

Quando terminamos nossas orações, nós nos dirigimos ao grande salão onde alguns irmãos tomavam chá, café, água, sucos etc. Mestre Pedro, acompanhado por Eduardo e André, veio ao nosso encontro e me perguntou:

— E então, José, como se sente?

De mãos dadas com Maria, respondi:

— É só olhar para mim, mestre, para saber como me sinto!

Ele nos abraçou, dizendo:

— Vou levá-los ao setor onde vocês devem se aperfeiçoar para suas novas tarefas! Vocês quatro ficarão juntos. A partir de hoje, Eduardo e André dividirão a cabana que nos serviu por tanto tempo de abrigo. Você e Maria farão o intercâmbio entre o plano espiritual e a Terra, em contato direto com Eduardo e André. José vai monitorar a equipe. Aqui está o seu novo aparelho de comunicações!

Passou-me um sofisticado aparelho que somente os espíritos líderes de equipe estão autorizados a usar.

— Eu vou usar este aparelho, mestre Pedro? – perguntei arregalando os olhos.

— Quem mais se chama José aqui entre nós? Repare que o aparelho está com o seu nome e o seu número espiritual gravados. Você não será apenas um mentor que incorporará em um médium para atendimentos locais, pois isso você já faz há muito tempo! Agora você vai comandar uma equipe. A responsabilidade será grande, mas você está capacitado para isso. Porém, lembre-se, José: apesar de ir liderar um exército, eu serei o seu chefe, e você sabe que sou um ser difícil de lidar! Tome cuidado nas suas atitudes, controle seus impulsos e não se esqueça de que você é um espírito! Não me chame para me perguntar se você ainda pode morrer afogado, queimado etc. – e, rindo, abraçou-me. – Eu estarei empenhado em acompanhar o tratamento espiritual de cada um desses nossos irmãos que encaminhamos às escolas e hospitais da colônia. Afinal, para que estudei medicina no plano espiritual? Vamos nos reunir pelo menos uma vez por semana para trocarmos informações sobre as nossas atividades e os nossos progressos, mas isso não nos impede de colaborar uns com os outros em qualquer emergência que se fizer necessária. Vamos indo porque quero apresentá-los ao mentor responsável pelo treinamento de vocês.

Assim que entramos no auditório, reconheci aquele respeitável mestre que havia nos presenteado com sua rica palestra. Ele veio ao nosso encontro, abraçou o mestre Pedro e disse:

— Como vai este herói espiritual?

— Se você diz que sou um herói espiritual, devo dizer que me orgulho do mestre herói que me preparou para isso! Pessoal, este aqui foi e continua sendo o meu mentor espiritual – disse mestre Pedro. – Explico para vocês: em minhas encarnações, ele foi o meu mentor em todas as minhas trajetórias, e graças a ele encontrei o caminho de casa. Espero que cada um de vocês torne-se um pastor tão bom quanto ele e que resgate as ovelhas, trazendo-as para o rebanho do mestre, assim como ele faz diariamente.

— Deixa de modéstia, Pedro! Se espírito ocupasse espaço da mesma forma que os encarnados, Deus precisaria criar novos mundos para acomodar os exércitos de espíritos perdidos que você traz de volta para casa – disse o mentor.

Eduardo levantou a mão e, pedindo licença, falou:

— Pai, eu concordo com tudo o que ouvi a respeito do senhor, mas acrescento: Pedro não só resgata as ovelhas perdidas, mas também os seus pastores errantes!

O mentor, abraçando Eduardo, com os olhos cheios de lágrimas, disse:

— Tem razão, meu filho, não encontro palavras para expressar os sentimentos de gratidão que tenho para com Pedro. Graças a Deus foi ele quem trouxe você de volta para a Luz e para mim, meu filho!

Fiquei olhando para os dois. Então eram pai e filho! Quantas surpresas esse plano espiritual nos revela.

Assim, demos início ao nosso treinamento. Em poucos meses estávamos habilitados para assumir nossas novas tarefas.

Meu filho Jonas recobrou sua consciência e foi indicado para atuar ao lado de mestre Pedro. Também nos foi revelado que André era o filho que um dia ele rejeitou. Ambos se ajustaram e, aos poucos, a nossa família estava se aproximando. André era meu neto espiritual.

Eu e Maria nos empenhamos em nossas tarefas com muito amor e disposição. Quando voltávamos à colônia para nossas reuniões espirituais, no tempo livre que tínhamos, corríamos ao lago, que era nosso cantinho preferido...

Os espíritos também têm preferências por determinados lugares. Quando estamos em equipe trabalhando na

Terra, de vez em quando vamos à beira-mar – mestre Pedro, André, Eduardo, Jonas, eu e Maria, e também outros amigos da nossa equipe.

Jonas ainda guarda em seu arquivo mental uma atração muito grande pelo mar. Todas as vezes que vamos até lá, ele mergulha nas ondas do mar, corre atrás dos barcos, ajuda os pescadores a puxar as redes, brinca com eles, e chora emocionado quando os vê entrando em seus barcos de manhã cedo.

Eles conservam o mesmo ritual dos tempos de Jonas: todos fazem o sinal da cruz e tocam as águas antes de colocar seus barcos no mar. Jonas nos explicou que é um gesto de respeito e educação. Por exemplo, quando vamos entrar na casa alheia, batemos à porta e pedimos licença para entrar – assim também é no mar! O mar é uma casa que abriga muitos navegantes, e os filhos das águas, mesmo sendo espíritos, também querem tocar a terra.

Respeitamos os sentimentos de Jonas, assim como cada um guarda suas saudades. Eu e Maria, por exemplo, sempre nos emocionamos quando avistamos uma roça florida e os lavradores cultivando a terra. Não tem como segurar as lágrimas, pois seremos sempre gratos a tudo que nos ajudou a crescer como espírito.

Esses pontos sagrados, sempre que é possível, visitamos e ajudamos seus trabalhadores encarnados. Nessas visitas que fazemos à beira-mar, sou sempre cobrado a plasmar café e pães para todos nós, no alto da montanha, na cabana que continua sendo um refúgio seguro para muitos trabalhadores espirituais.

Nossos trabalhos, com as graças de Deus, sempre fluem muito bem, correndo os pontos do planeta onde somos requisitados pelos mestres, espalhando a semente da misericórdia de Deus em muitos corações.

Uma das nossas maiores recompensas é ver nossos irmãos médicos encarnados de mãos dadas com os médicos do grande astral, construindo um mundo melhor para aqueles que habitam a Terra e também para muitos que ainda precisam retornar.

A família de nossa querida Raquel, instruída pelo evangelho de Jesus, trabalha de mãos dadas conosco. Ela recebeu em seus braços o seu pai biológico, que se recupera lentamente. Ele fora aquele noivo a quem um dia ela havia sido vendida pelo pai.

Ocupados com as nossas tarefas, eu e Maria ficamos por um curto período sem ir à colônia onde somos cadastrados. Ficamos um tempo em uma colônia próxima da Terra, em uma missão de resgate. Embora instruídos e ligados aos nossos mentores diariamente, passamos uma temporada sem poder voltar. Mestre Pedro nos visitava constantemente.

Quando fomos agraciados com o convite para regressar à colônia, ficamos surpresos com as mudanças: foram construídas seis belíssimas mansões próximas ao lago. Os jardins floridos com fontes e cascatas coloridas completavam a beleza e o bom gosto da engenharia divina.

Ficamos maravilhados. Maria é um espírito alegre e juvenil. Disse brincando:

— José, quem serão os felizardos que irão morar naquelas mansões?

— Com certeza nós é que não somos! – respondi rindo, e acrescentei: – Adeus aos nossos passeios secretos!

Fomos recebidos com muita alegria por todos. Mestre Pedro me convidou para acompanhá-lo até a sala do mentor chefe, pedindo a Maria que me aguardasse por um instante.

Minhas pernas tremeram, senti uma dor no estômago e frio de repente: "Meu Deus! O que seria agora? Teria vencido o meu prazo? Iria voltar à Terra como encarnado?".

Mestre Pedro deve ter notado a minha aflição sem olhar para mim, então me disse:

— José, você já descobriu que ninguém muda, nem morrendo várias vezes em um corpo carnal, não é? O que será que você aprontou nessas suas vidas afora, porque, quando falamos: "temos algo sério para tratar com você", comporta-se como um recém-chegado desencarnado! Fique calmo, rapaz, espere a hora certa para sofrer. É muito engraçado ver um mentor, que incentiva tantas pessoas a não ter medo da vida, tremer como uma criança assustada quando recebe o chamado do seu superior.

— Mestre, o senhor me conhece, eu não consigo controlar este meu lado emotivo – respondi.

Mestre Pedro parou e me olhando sério, falou:

— José, você está perdendo a memória? O seu processo não foi arquivado?

Entramos na sala da diretoria espiritual da colônia e fomos convidados a nos sentar. Eu disfarçava o nervosismo torcendo as mãos. Nosso superior pegou uma pasta e me passou, dizendo:

— Pode abrir, José! Leia, por favor, e veja se concorda com tudo.

Conforme lia fui perdendo o fôlego. Eu não podia acreditar! Uma daquelas casas estava à disposição da minha família, pois os bônus adquiridos por mestre Pedro lhe deram direitos de escolher em quem queria investi-los. Ele adquiriu o direito de construir mansões espirituais na colônia, e uma delas estava sendo doada para mim. Ao sairmos dali eu não sentia meus pés.

Quando Maria me viu, veio correndo ao meu encontro. Preocupada, perguntou:

— O que houve, José? Você está pálido.

Mestre Pedro convidou-a:

— Quer nos acompanhar, senhora?

Fomos conhecer a nossa mansão, com salas amplas e mobiliadas, quartos confortáveis, biblioteca e uma sala de música. Mestre Pedro abriu uma sala e disse:

— Aí tem tudo que você vai precisar para manter esta casa em ordem! Havia enxadas, botas, chapéus e outras tantas ferramentas de lavrador. – Quando estiver de folga, mãos à obra! Assim você nunca se esquecerá dos melhores momentos em que viveu como um verdadeiro homem na Terra, cultivando o seu próprio alimento. Vocês vão morar aqui e vamos administrar o tempo de vocês, ajustando-o com o horário da Terra.

Ficou combinado que em nossa casa iríamos receber espíritos dos irmãos encarnados, que seriam encaminhados até nós quando adormecidos em seus corpos carnais. Uma das salas foi preparada com essa finalidade, para treinamento e ajuda aos encarnados.

Esse trabalho não iria atrapalhar nossas tarefas já assumidas. Achamos a ideia maravilhosa: o fato de poder contribuir com nossos irmãos encarnados, trazendo-os à nossa colônia para estudar e se preparar melhor em suas missões carnais.

Fomos conhecer as outras mansões – uma seria ocupada pela família de Jonas, uma pela família do Eduardo e as outras duas pela família de outros colaboradores do mestre Pedro. Uma delas já estava pronta para receber Raquel e todos a ela ligados espiritualmente, pois ali iria viver a família do mestre Pedro.

Andando pelos jardins das mansões, mestre Pedro nos disse o seguinte:

— José, quando estamos encarnados na Terra, lutamos para adquirir uma casa e dar segurança à família. Aqui também existem os bônus que nos concedem essas bênçãos, mas a única diferença é que temos consciência de que todos os filhos de Deus são nossos irmãos e, sendo assim, sentimos muita alegria em recebê-los em nossa casa. Tudo o que recebi em bônus espirituais quero dividir com cada um de vocês. Espero que gostem de sua nova casa. Aproveito para convidá-los a comparecer à nossa casa esta noite, pois vamos receber alguns amigos. Conto com a presença dos dois.

Despediu-se e se afastou. Ficamos olhando para cada detalhe da nossa nova casa. As janelas davam para o lago.

Uma fonte com água colorida derramava água em uma cascata cheia de peixinhos brilhantes.

À noite, como sempre, qualquer lugar do plano espiritual inspira poesia e encanto. Todas as noites a lua ilumina nossa colônia.

Maria chamou a minha atenção, pois deveríamos pensar em nossos trajes para irmos à casa do mestre Pedro.

— Vamos como estamos! – respondi.

Ela insistiu que deveríamos nos vestir com trajes de festa.

— Mas, Maria, se chegarmos lá e todas as outras pessoas estiverem vestidas informalmente?

— Ótimo, vamos rir muito! Nós dois fantasiados! Mas vamos bem bonitos, por favor.

Chegando ao jardim ouvimos música e risadas alegres. Pensei comigo: "Maria tem razão, é uma festa!". Entramos no salão de festas, e qual não foi a minha surpresa? Todos os nossos antigos companheiros de cela estavam lá rodeando o mestre Pedro. Quando me viram foram risadas e abraços. Apresentei Maria e fui apresentado às suas esposas e filhos.

Um amigo falou, olhando para Pedro e para Maria:

— Na verdade, já a conhecíamos, senhora! José até nos aborrecia de tanto que falava seu nome – e foram só risadas.

Ficamos conversando, ouvindo música e nem percebemos a hora passar. Eram duas horas da manhã quando alguém avisou que estavam chegando mais convidados. A porta se abriu e lá estavam Eduardo, André, Jonas, Raquel, vários pescadores e outros amigos.

Após abraçar Pedro demoradamente, Raquel veio ao meu encontro, sorridente:

— Oh! Pai José! Que alegria vê-lo aqui! Quando Jonas me convidou para vir, nem acreditei que seria possível. Que casa linda, pai! Não vejo a hora de terminar o que tenho ainda a fazer para ser sua vizinha!

— Bem, filha, você sabe que deve fazer o seu trabalho e muito benfeito! Não tenha pressa, pois a casa é sua, ninguém vai tirá-la de você. Além disso, você pode vir nos visitar de vez em quando.

Mestre Pedro veio até nós e, abraçando Raquel, disse:

— Você pode me dar um pouquinho de atenção?

Os dois saíram abraçados em direção ao jardim.

Nós fomos até onde Jonas e um pescador amigo dele estavam. O amigo olhava maravilhado para o lago e comentava:

— Velho Jonas! Que lugar lindo! Neste lago tem peixes? Estou vendo que não tem é barco! Mas isso é fácil de resolver, tem muita árvore por aqui. A gente faz um, não é mesmo? Ah! Velho Jonas, que saudade a gente sente do senhor. Nem o mar é o mesmo sem o senhor, sabia? Às vezes eu tenho a impressão de que o senhor está no barco junto com a gente.

E o pescador prosseguiu:

— Olha, velho Jonas, já estou até vendo a cara dos outros pescadores quando eu contar que estive em sua casa no mundo dos mortos! Eles vão rir e dizer que eu aprendi com o senhor a contar histórias de pescador! Pena que não dá para tirar umas fotos, senão eu poderia mostrar a eles o que estou vendo. Queria ver a cara de cada um.

Jonas, rindo, respondeu:

— Você leva em sua mente uma foto deste lugar. Faça como eu: puxe as imagens de sua mente e crie muitas histórias, que ajudarão a passar o tempo enquanto estiverem no mar. Sem contar que isso distrai e deixa dúvidas em cada um deles. Aliás, Januário, aqui não é a casa dos mortos. Eu não estou vivo?

Um outro pescador aproximou-se de Jonas e chamou-o de lado, falando baixinho:

— Dona Raquel é casada, eu não acho certo ela estar abraçando outro homem! Coitado do marido, sendo traído desse jeito.

Jonas abraçou o pescador, e respondeu rindo:

— Fernando, o corpo físico da Raquel está deitado ao lado do seu marido carnal! O espírito dela é livre; repare que não há maldades nem malícias entre eles, apenas amor. Se pensássemos como encarnados, quem deveria estar enciumado seria o mestre Pedro, pois Raquel é espiritualmente sua legítima esposa. No entanto, o que ele faz? Está sempre ao lado do esposo carnal dela, agradecendo-o por amparar o ser que ele mais ama.

O pescador coçou a cabeça e respondeu:

— Eu não sei como me sentiria se pegasse a minha mulher abraçada com outro!

Jonas levou o rapaz até uma das salas de relaxamento espiritual, um local preparado para atender espíritos ansiosos;

assim, quando retornam aos seus corpos carnais, vão se libertando dessa doença chamada ciúme.

Já eram quatro horas da manhã. Jonas chamou os encarnados para regressar, dizendo aos amigos:

— Vocês vão voltar e não terão tempo de lembrar deste sonho; assim que retornarem ao corpo físico, será quase hora de se levantar! É hora de ir ao mar puxar suas redes.

Eles se despediram, agradecendo. Jonas, Eduardo e André eram os responsáveis pelo transporte deles – eles os levariam em segurança até seus corpos carnais.

Nós também nos despedimos dos amigos, combinando que nos encontraríamos mais vezes.

Fomos até a beira do lago, sentamos e ficamos refletindo sobre nossa trajetória de vida. Sofremos muito e também fizemos outras pessoas sofrer, mas nos conscientizamos de que, seja na Terra, seja no plano espiritual, somos filhos de Deus, e que Ele jamais abandona ou deixa de dar oportunidades a cada um de seus filhos.

A nossa história não estava terminada, pelo contrário. Estávamos começando uma nova vida, mas desta vez muito mais equilibrados e preparados.

Entramos em nossa casa e nos debruçamos na janela que dava para o lago. A estrela-d'alva brilhava no céu iluminando as águas. Fiquei imaginando quantas colônias espirituais estavam sendo iluminadas por ela. Pensei nos meus entes amados que ainda estavam encarnados na Terra. Peguei na mão de Maria e lhe pedi:

— Vamos orar por nossos familiares, irmãos e amigos que estão do outro lado?

— Vamos – respondeu ela.

Fechamos os olhos, elevamos nosso pensamento a Deus. Maria, então, pronunciou estas palavras:

— Deus, nosso Pai, comandante do universo, olhai nossos irmãos que se encontram na Terra, cumprindo seus deveres. Amparai todos eles, dando forças e sabedoria para vencerem as barreiras da carne. Fazei de cada um de nós espíritos conscientes do Vosso amor e da Vossa bondade. Permita, Pai, que possamos também cumprir nossos deveres.

Ficamos em silêncio. Uma brisa perfumada nos envolvia em um clima de muita emoção. Naquele momento, algo dentro de mim se transformou, um sentimento de amor divino, um desejo imenso de estar em cada irmão. Um sentimento que jamais imaginei existir apoderava-se de mim.

De mãos dadas com Maria, as lágrimas rolando dos meus olhos, eu pude compreender o amor de Jesus verdadeiramente! Meu coração abriu-se totalmente, eu estava pronto para amar todos os filhos de Deus, sem preferências ou apegos pessoais por algum deles.

— Maria, eu estou feliz, seguro e confiante de mim mesmo. Vou me apresentar aos nossos superiores e pedir que eles me orientem a fazer o que for mais correto diante de Deus. Se reencarnar na Terra for o melhor a fazer, estou pronto para assumir essa tarefa que tanto me amedrontava! Hoje compreendi o que é o verdadeiro amor, agora sou capaz de entender o amor de Jesus por todos nós.

— Que bom, meu querido, você conseguiu! Ajustou-se com você mesmo. Amor é isso que você está sentindo:

prazer, alegria e gratidão a Deus pela vida que Ele lhe deu. Quando chegamos a este ponto de alinhamento, estamos prontos para servir a Deus em qualquer dimensão, sem temor, sem revolta, sem pressa. Aprovo a sua decisão de se apresentar aos nossos superiores e se colocar à disposição de Deus. Nossos mestres de Luz poderão orientá-lo no que for melhor. Por todo o sempre estaremos juntos, encarnados ou desencarnados. Não é um corpo carnal, meu querido, que separa as almas.

Nós nos abraçamos e ficamos apreciando a maravilha que é a natureza de Deus em nossa colônia. Ouvimos o sinal de chamada para nos reunirmos em oração e saímos de mãos dadas, juntando-nos ao grupo.

Quando terminamos nossas orações, pedi a Maria que me esperasse no jardim. Aproximei-me de mestre Pedro e falei:

— Mestre, o senhor que sempre acompanhou os meus passos, poderia me acompanhar até a sala dos nossos mentores chefes?

Ele riu, me abraçou e disse:

— Poder eu posso, mas o que houve? Resolveu pedir demissão do cargo? Vai me denunciar pela festa que dei entre amigos ou porque me viu abraçar Raquel? Se for isso, eu vou contar para o nosso chefe o que vi você e Maria fazendo na beira do lago...

— Chegando lá o senhor saberá! – respondi brincando com ele.

Fomos recebidos pelo nosso mentor, que, como sempre, nos recebeu com muita bondade e amor. Coloquei o que estava sentindo e que tinha ido até ele pedir ajuda.

Ele se levantou e abraçou-me. Vi lágrimas nos seus olhos.

— Filho amado, você foi imantado pelo amor de Deus. É um espírito límpido e imaculado. O seu coração irradiou-se como o sol, que não escolhe onde ou a quem vai iluminar: sua Luz é para todos. Assim é Jesus, meu amado, e todos nós, quando seguimos os seus passos, nos tornamos seus discípulos ao compreender e aprender a não dividir sentimentos, e sim a somar e multiplicar o amor de Deus entre nossos irmãos.

O mestre continuou falando:

— Filho querido, no momento o seu trabalho está sendo de suma importância, vital para a humanidade. Da sua última passagem na Terra como homem, nada mais pesa em sua vida espiritual. Você está livre, pois seus débitos foram liquidados, por isso você está ajustado e equilibrado consigo mesmo. Veja seu histórico espiritual!

Ele apertou um botão, e uma tela iluminou-se. Apareceu meu retrato com a minha nova aparência e abaixo estava escrito:

"ESPÍRITO LIVRE." DORAVANTE CONSIDERADO VOLUNTÁRIO A SERVIÇO DA CARIDADE.

Abracei o mentor e o mestre Pedro. Respirei fundo e respondi, convicto do que dizia:

— O sofrimento de um homem, quando é aceito com alegria, leva-o à vitória.

Tudo o que sofri em minhas vidas passadas valeu a pena, pois nada se comparava à riqueza que recebi: paz, liberdade, poder amar e compartilhar com todos os meus irmãos esta riqueza maravilhosa que é Deus.

E, assim, continuamos com o nosso trabalho, fazendo o intercâmbio entre o plano espiritual e a Terra. Posso garantir a todos vocês que só o amor e o trabalho são capazes de nos levar de volta ao nosso verdadeiro eu.

A vida vale a pena ser vivida em qualquer circunstância, seja em um corpo físico, seja em um corpo espiritual. Jamais nos separamos daqueles que amamos, pois é exatamente o amor que sustenta a vida.

Tento fazer o melhor possível para animar meus irmãos encarnados a carregarem sua cruz. Jesus levou a mais pesada e chegou no mais alto grau que um homem já alcançou. Isso nos anima a não desistir de andar sem perder a fé.

Trabalhamos em sintonia, homem e espírito, e Deus entre nós. O que nos separa é só uma delicada cortina que encobre os olhos carnais, embora, algumas vezes, ela se abra para alguns, mostrando grandes caminhos e grandes verdades.

Nada acontece por acaso, pois a mão de Deus dirige tudo e está sobre todas as coisas, podem ter certeza disso. Não há uma gota de orvalho que caia sobre uma folha ou uma folha que caia sem a permissão do Pai.

Acreditamos que a nossa humilde contribuição possa ajudar a todos, especialmente aqueles que estão passando por momentos semelhantes ao que já passei em Terra.

Não abandonem seus lares. Não ignorem os seus filhos, deixando-os entregues à própria sorte. Não permitam que paixões doentias afastem vocês de Deus. Mantenham-se firmes!

Não se abandona quem se ama. Seja qual for a sua provação, aceite-a sem revoltas, acredite em mim. Uma encarnação na Terra é um momento passageiro em nossa vida.

Uma vida carnal, comparada com a grandeza do tempo espiritual, é como sair de manhã para trabalhar e voltar à noite para casa. Se fizermos nosso trabalho corretamente, se andarmos pelos caminhos sem transgredir as Leis estipuladas por Deus e pela sociedade em que vivemos, não há o que temer em nosso retorno.

Todos os seres encarnados precisam se preparar na Terra para que se tornem verdadeiros homens. Estudem, lutem e trabalhem para ganhar o seu pão honestamente. Eduquem seus filhos para o mundo e para Deus. Existem milhões de escolas espirituais esperando por vocês, filhos encarnados. Mesmo estando na Terra, vocês podem vir aos planos superiores para estudar e visitar seus entes queridos e, assim, tornarem-se espíritos conscientes de suas missões.

Qual é o caminho para chegar a essas escolas? A fé e a disciplina! Ouçam os ensinamentos dos seus mentores, incentivem a oração em família, pratiquem o Evangelho de Jesus Cristo dentro e fora de sua casa. Leiam bons livros espirituais que acrescentem coisas boas e verdadeiras à vida de vocês.

Rogamos a Deus que Ele nos conceda a alegria de poder encontrá-los em nossa escola espiritual, que está de portas abertas para todos, pois a casa do Pai foi construída para receber Seus filhos.

CULPADOS OU INOCENTES?

MARIA NAZARETH DORIA ditado por **LUÍS FERNANDO** (Pai Miguel de Angola)

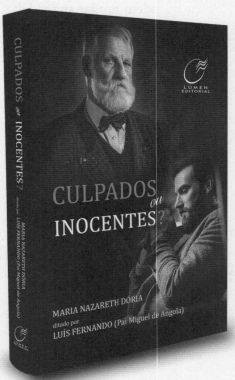

Romance | 16x23 cm | 400 páginas

O poderoso coronel Frederick participa de todos os negócios da região onde fica sua fazenda, tendo mãos de ferro para conduzir sua senzala e a própria família. Tendo a sorte de poder contar com Silviano, seu melhor empregado e grande amigo, é por meio dele que conhecerá Luziara, que mexerá com seu coração e transformará sua vida. Todas as almas envolvidas, nem culpadas ou inocentes, são responsáveis pelos caminhos escolhidos.

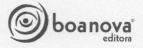

17 3531.4444 | **boanova@boanova.net**

Eliana Machado Coelho & Schellida
...em romances que encantam, instruem, e emocionam...
e que podem mudar sua vida!

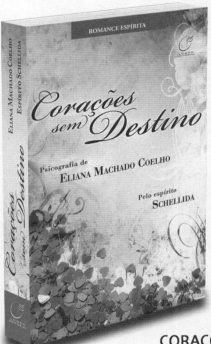

CORAÇÕES SEM DESTINO
Eliana Machado Coelho/Schellida
Romance | 14x21 cm | 512 páginas

Rubens era apaixonado por Lívia, noiva de seu irmão Humberto. Movido pela paixão incontrolável e pela inveja, Rubens comete um desatino: decide matar seu irmão empurrando-o sob as rodas de um trem. Depois, na espiritualidade, o próprio Humberto irá se empenhar para socorrer o irmão nas zonas inferiores.

LÚMEN EDITORIAL

Entre em contato com nossos consultores e confira as condições
Catanduva-SP 17 3531.4444 | boanova@boanova.net | www.boanova.net

ELIANE MACARINI
DITADO POR VINÍCIUS (PEDRO DE CAMARGO)

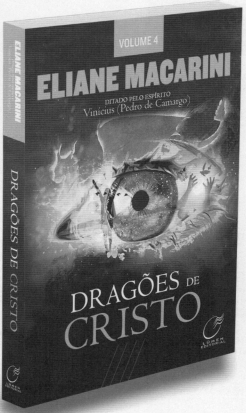

COMPLETA A OBRA COM MAIS TRÊS TÍTULOS: O SILÊNCIO DE UM OLHAR, EM CADA LÁGRIMA HÁ UMA ESPERANÇA, E ESTA, DRAGÕES DE CRISTO QUE VEM ENCERRAR ESSA BRILHANTE E TÃO NECESSÁRIA QUADRILOGIA, QUE NOS ALERTA, ESCLARECE E TRAZ ESPERANÇA E FÉ N FUTURO DE NOSSA BENDITA TERRA.

DRAGÕES DE CRISTO DESCREVE O MOVIMENTO DENTRO DE CENTROS UNIVERSITÁRIOS, DESDE A ADMINISTRAÇÃO DO ESPAÇO EDUCACIONAL, A PRESENÇA DE MESTRES CONDUTORES DE FUTURO: PROFISSIONAIS, O INTERESSE APENAS FINANCEIRO NA EDUCAÇÃO E A CORRUPÇÃO, SEGUIDA DE MOMENTO DESCONCERTANTES PARA O VERDADEIRO OBJETIVO DESSES AGLOMERADOS HUMANOS.

Romance
Páginas: 288 | 16x23 cm

LÚMEN
EDITORIAL

www.boanova.net | 17 3531.4444

LAÇOS DA VIDA

Tanya Oliveira *ditado por* **Eugene**

Romance | 16x23 cm | 448 páginas

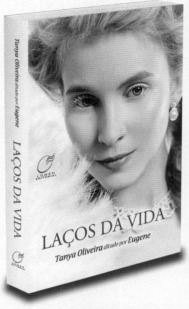

Através da narrativa envolvente de Eugene, "Laços da Vida" tem como cenário a França, em meados do século XIX, narrando o envolvimento amoroso de três mulheres – Louise, Suzanne e Isabelle - cujo sentimento pelo conde Armand D'Avigny seria decisivo em sua trajetória espiritual. Louise protagoniza a história e, espírito vacilante na fé, retorna à arena terrestre com grandes dificuldades, percorrendo um caminho que a levará à ascensão social, colocando-a da posição de vítima em algoz e comprometendo inequivocamente a sua evolução espiritual. Demonstrando fé vacilante, quando a dor se interpôs em seu caminho, Louise deu lugar ao ódio – no uso do seu livre arbítrio – perdendo a oportunidade se libertar de um passado de enganos e evoluir através da prática dos ensinamentos de Nosso Mestre Jesus. Evidenciando a ação da Lei de Causa e Efeito em nossa vida, o livro aborda princípios básicos da Doutrina Espírita, destacando a sobrevivência da alma, a situação dos Espíritos no mundo espiritual e a certeza de que jamais estamos sozinhos e desamparados pela Misericórdia Divina.

Entre em contato com nossos consultores e confira as condições
Catanduva-SP 17 3531.4444 | boanova@boanova.net | www.boanova.net

LÚMEN EDITORIAL

Av. Porto Ferreira, 1031 - Parque Iracema
CEP 15809-020 - Catanduva-SP
17 3531.4444 - 17 99777.7413

www.lumeneditorial.com.br
atendimento@lumeneditorial.com.br
www.boanova.net
boanova@boanova.net